AF501963

Essai sur les Associations en Chine

PAR

Pierre B. MAYBON
DOCTEUR EN DROIT

PARIS

LIBRAIRIE PLON
PLON - NOURRIT et Cie
IMPRIMEURS-ÉDITEURS
8, rue Garancière, 6e

LIBRAIRIE GÉNÉRALE
DE DROIT ET DE JURISPRUDENCE
F. PICHON et DURAND-AUZIAS
Administrateurs
20, rue Soufflot, 5e

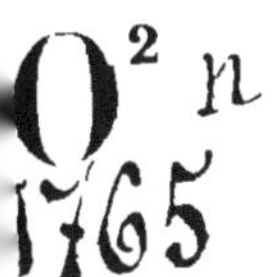
O2 n 1765

Essai

sur

les Associations en Chine

Essai
sur
les Associations en Chine

PAR

Pierre B. MAYBON
DOCTEUR EN DROIT

PARIS

LIBRAIRIE PLON
PLON - NOURRIT et Cie
IMPRIMEURS-ÉDITEURS
8, rue Garancière, 6[e]

LIBRAIRIE GÉNÉRALE
DE DROIT ET DE JURISPRUDENCE
F. PICHON et DURAND-AUZIAS
Administrateurs
20, rue Soufflot, 5[e]

Copyright 1925 by Librairie Générale de Droit.
Droits de reproduction et de traduction
réservés pour tous pays.

INTRODUCTION

Les associations de la Chine n'ont fait l'objet jusqu'ici que de monographies limitées à l'étude de telle ou telle catégorie spéciale. Il nous a paru intéressant de reprendre la question dans son ensemble, de passer en revue successivement les différentes formes d'associations, d'en exposer l'organisation et le but, pour essayer de dégager leurs caractères généraux et de préciser leur fonction dans la vie sociale chinoise.

Les associations sont, en effet, un des plus précieux témoignages de la psychologie d'un peuple. Leur développement dans un pays permet d'apprécier le degré de liberté dont jouit la population; leurs formes et leurs buts révèlent la fécondité et la souplesse de l'effort des individus, leur sens de la discipline et de la solidarité.

Si cette observation est exacte chez tous les peuples et à toutes les époques, comment les associations chinoises ne mériteraient-elles pas de retenir plus spécialement l'attention? Nulle part peut-être l'esprit d'association n'est plus développé qu'en Chine. Il s'y manifeste sous les formes les plus variées, dans les circonstances les plus diverses. Dans toutes les provinces, dans les villes, dans les villages les plus reculés, on trouve des associations. Leur masse est impossible à dénombrer, car s'il en est de puissantes, il en existe une foule de modestes, de cachées, formées entre quelques membres seulement.

Cet esprit d'association est vraiment caractéristique de la mentalité du peuple chinois. Il révèle chez lui le besoin de se grouper. C'est comme un instinct de conservation qui l'y pousse. S'il est seul, le Chinois se sent faible, exposé à toutes sortes de dangers, en butte à l'oppression des puissants, des gens d'autres provinces. Il voit dans l'association le seul remède efficace, l'arme défensive et même offensive, lorsqu'il a quelque danger à redouter. S'il quitte sa province, il s'unit à ses compatriotes dans la ville de sa nouvelle résidence et, dans l'association provinciale, il retrouve sa petite patrie, avec son culte et ses traditions; il y trouve aussi l'affection, le bon conseil, l'aide morale ou pécuniaire. S'il exerce une profession, il forme avec ses confrères une guilde où seront débattus les intérêts professionnels et qui le protégera contre la concurrence ou l'hostilité. La communauté d'habitation, de profession, d'idées politiques ou de croyances religieuses: tout est motif pour les Chinois à former des associations.

De là le nombre considérable et l'extrême diversité des associations en Chine. Leurs buts sont des plus variés: il en est qui se créent en vue d'un évènement précis, un mariage, un décès ou à la suite d'une naissance, et jouent le rôle de compagnies d'assurances ou de sociétés de secours mutuels. D'autres poursuivent un but professionnel, un peu comme nos syndicats; d'autres encore, une fin religieuse ou politique. Mais la fonction de certaines d'entre elles dépasse de beaucoup le rôle que nos mœurs et notre législation assignent à l'association.

La notion d'association est, en effet, beaucoup plus large en Chine qu'en France. A part quelques dispositions pénales sur les sociétés secrètes, il n'existe aucune loi qui limite et réglemente la liberté d'association, comme le font en France les lois du 21 mars 1884 et du 1er juillet 1901. Quel que soit son but, l'association chinoise peut se constituer librement; elle n'a aucune autorisation à demander, aucune formalité à remplir. Elle se recrute comme elle l'entend; elle fonctionne comme elle le veut; elle fixe son objet, ses pouvoirs et ses attributions à sa guise. La loi, le gouvernement n'interviennent pas. Cette autonomie absolue donne naturellement naissance à des associations très différentes les unes des autres par leur recrutement, leur fonctionnement et leur but. Les plus puissantes sont bien éloignées par leur objet des associations françaises: les guildes jouent le rôle de véritables sociétés commerciales, de cartels, elles fixent les conditions de vente et spécialement les prix. Cette fonction économique dépasse étrangement la compétence de nos associations « sans but lucratif ».

Franchissant les limites des attributions de nos associations et de nos sociétés, les associations chinoises vont encore plus loin. Certaines d'entre elles exercent les fonctions de véritables municipalités: les unions de familles, les communes, les guildes, associations privées, administrent des villages, des quartiers, des villes; d'autres ont leurs gendarmes ou leurs gardes-champêtres. Cette fonction municipale des associations n'est pas un des aspects les moins révélateurs de la mentalité chinoise. Elle jette un jour singulier sur le rôle immense de l'initiative privée en Chine, sur l'effacement d'un gouvernement impuissant ou indifférent à remplir l'essentiel de sa mission, à assurer la police et la sûreté des administrés, qu'il laisse agir seuls ou dont il accepte officieusement le concours.

Plus significative encore est une autre fonction exercée par les guildes. La conception du pouvoir, à l'époque impériale, faisait du gouvernement chinois un organisme exclusivement politique, délibérément étranger à toute affaire d'ordre économique et notamment à tout ce qui touchait au commerce. Aussi les guildes constituées entre marchands ou artisans ont-elles dû se substituer entièrement ici à l'Etat défaillant et réglementer non seulement l'organisation interne des entreprises, mais les conditions générales des transactions commerciales, fixer les usages commerciaux et arrêter jusqu'à la nature et la valeur des monnaies, des poids et des mesures à employer. L'initiative privée exerce ici, sans intervention ni contrôle de l'Etat, des attributions qui nous paraissent réservées au législatif et à l'exécutif.

Ce rapide aperçu suffit à montrer le grand intérêt que présente l'étude des associations chinoises, tant en raison du développement de l'esprit d'association en Chine et du rôle considérable et complexe joué par les associations, que comme indices de la mentalité politique et sociale du peuple chinois. En effet, bien des caractères des associations sont représentatifs de la psychologie chinoise : l'esprit religieux, le traditionnalisme et le particularisme sont des traits fondamentaux de l'âme chinoise, que nous retrouverons fortement accusés dans les associations.

Nous arrêterons notre étude à la révolution de 1911, qui a amené la chute de la dynastie mandchoue et du régime impérial en Chine. La société chinoise avait atteint à cette époque un haut degré de perfection et était tout-à-fait stabilisée. Les événements qui ont suivi l'ont fortement ébranlée sur ses bases et laissent encore, à l'heure actuelle, la Chine en pleine évolution. Nous estimons préférable de nous tenir dans une période où la vie politique était normale et où l'organisation sociale apparaissait comme cristallisée.

Bien que la diversité des associations chinoises, résultat du libre jeu des initiatives privées, rende leur étude fort complexe, le sujet peut assez naturellement se diviser d'après l'objet de ces associations.

Nous consacrerons d'abord un chapitre (Chapitre Ier) à l'association familiale. La famille occupe en effet une place importante dans la vie sociale chinoise et surtout, c'est d'elle que dérive l'esprit d'association : c'est dans la vie de famille que le Chinois prend le goût et apprend la valeur de l'association, c'est à l'organisation familiale qu'il emprunte les principes constitutifs et les traits essentiels de ses groupements.

L'association familiale ainsi mise à la place que justifie son influence sur les associations, nous étudierons les associations les plus puissantes de la Chine, les guildes de compatriotes (Chapitre II) et les guildes professionnelles (Chapitre III). Elles nous fourniront de nombreux points de comparaison avec des institutions françaises. Nous estimons, en effet, qu'un travail de ce genre n'est vraiment fertile en enseignements qu'à la condition de rapprocher, toutes les fois que l'occasion s'en présente, les institutions similaires de deux civilisations différentes. Cette méthode met mieux en relief leurs oppositions et révèle sur certains points la frappante ressemblance d'organismes destinés à satisfaire les mêmes besoins.

Sous le vocable d'associations d'administration locale et de sécurité, nous grouperons, dans le Chapitre IV, plusieurs espèces d'associations dont l'objet se rattache plus ou moins largement à l'exercice des fonctions municipales : communes, associations de sécurité, telles que milices, sociétés de garde des moissons, de veilleurs de nuit, de pompiers, de procès.

Le Chapitre V sera consacré à diverses associations assez modestes qui, s'appuyant sur le principe de la mutualité, se proposent d'aider pécuniairement leurs membres dans des circonstances difficiles.

Enfin nous réunirons, dans un dernier chapitre (Chapitre VI), les associations religieuses et les sociétés secrètes, y joignant, à titre de curiosité et parce qu'elles ne fourniraient pas la matière d'un chapitre à part, les associations de mendiants et de voleurs.

Dans une conclusion développée, nous tenterons de dégager de cet exposé les caractères généraux des associations chinoises et de préciser la place qu'elles occupent dans l'ensemble de la vie sociale en Chine.

CHAPITRE PREMIER

L'ASSOCIATION FAMILIALE

La Famille, base de la constitution politique; cellule sociale. — Sa fonction : assurer la perpétuité du culte des ancêtres. — Le mariage. — La puissance paternelle. — Devoirs des enfants envers leurs parents. — L'Adoption. — Le Patrimoine familial. — Le Clan.

Au seuil d'une étude sur les associations en Chine, il convient de jeter un coup d'œil sur la famille. Dans toutes les civilisations, même les plus individualistes, la famille apparaît comme la première forme d'association. Elle est l'association idéale, fondée sur la nature même, et à laquelle aucun individu ne saurait échapper; dans tous les milieux humains, elle constitue la cellule initiale de toute la vie sociale.

Mais l'exposé du statut de la famille est le prélude particulièrement indispensable à l'étude des associations, si l'on se place dans le milieu chinois. La famille chinoise, par le nombre des membres qui la composent, par la solidarité qui les unit sous l'autorité d'un chef unique, par sa durée, constitue bien le type idéal de l'association de personnes et de biens, organisée en vue de la perpétuité de la famille. Elle est l'association naturelle puissamment constituée, qui développe chez les individus cet esprit d'association si vivace dans la population chinoise: comme école de l'association, elle mérite bien une place importante dans notre étude.

*
* *

En Chine, plus encore que dans d'autres sociétés, il est vrai de dire que la famille est à la base de la constitution sociale et politique. Sous le régime de l'Empire chinois, dont la chute forme la limite chronologique de notre étude, qui exclut la période républicaine contemporaine, l'organisation politique reposait en effet sur la forte organisation de la famille.

*
* *

Le gouvernement chinois était d'essence patriarcale; il avait pour fondement l'unité de pouvoir conféré à chaque chef de famille sur tous les membres de sa maison et la responsabilité du chef de famille envers le prince ou ses représentants. (1)

Cette conception familiale du gouvernement politique apparaissait dans la terminologie constitutionnelle. L'Etat était appelé la famille nationale. L'Empereur était qualifié de père de famille et les petits fonctionnaires avaient reçu le nom populaire de parents-fonctionnaires. (2) Cette conception ressort des

(1) Préface au *Ta-Tsing-Liu-Li. Lois fondamentales du Code Pénal de la Chine*, Sect. XXVIII.

(2) Von Moellendorff, *Le Droit de famille chinois*, traduction de Casella, p. 7.

dispositions des Ta-Tsing-Liu-Li, qui, presque à chaque pas, marquent la responsabilité du chef de famille envers l'Etat. Sous peine de délit pénal, le chef doit faire inscrire sur le registre public tous les mâles âgés de 16 ans habitant chez lui, membres de sa famille ou étrangers et inscrire sur son registre de maison ceux qui composent sa famille. (1)

Les impôts étaient levés en argent ou en nature sur les familles, eu égard au nombre des individus qui les composaient. (2) La famille était à la base de la perception de l'impôt: « Dans tous les districts de l'Empire, cent familles formeront une division et s'arrangeront ensemble pour nommer un chef et dix assesseurs, qui assisteront tour à tour à la perception des impôts, et assureront en due forme l'acquittement des autres droits et services publics... » « Les aînés, qui sont ceux qu'on nomme à ces places, seront choisis parmi les personnes les plus âgées et en même temps les plus respectables du district... » (3)

D'autre part, les chefs de famille étaient responsables du service public des parents placés sous leur autorité: « Tous les citoyens, chefs de famille, qui n'étant pas obligés de travailler pour vivre, placent leurs fils, petits-fils, frères ou neveux au service d'un officier du gouvernement, afin de leur éviter celui qu'ils doivent à l'Etat, seront punis de 100 coups de bâton. » (4)

(1) *Ta-Tsing-Liu-Li*, section LXXV, p. 137 et suiv.
(2) *Op. cit.*, sect. LXXX, p. 149.
(3) *Op. cit.*, sect. LXXXIII, p. 152.
(4) *Op. cit.*, sect. LXXXII, p. 151.

La répartition de la culture des terres se faisait aussi par familles : « Quand des familles ou des individus reviennent dans le district auquel ils disent avoir appartenu originairement et qu'il se trouve un déficit dans sa population, proportionnellement à l'étendue et au produit que constatent les anciens recensements des terres qu'il renferme, ils seront reçus à les cultiver avec les autres habitants selon leurs moyens... » (1)

Ces quelques exemples suffisent à faire ressortir le rôle que jouait la famille dans l'Etat. Par sa constitution, a-t-on pu dire, la famille chinoise est à la fois une administration, un temple et un tribunal, dont le chef est l'administrateur, le prêtre et le juge. L'administration politique impériale lui avait emprunté sa constitution et c'est au principe de l'autorité du père de famille, consacré par les écrits des premiers philosophes et législateurs de la Chine, qu'on a pu justement attribuer la solidité de la constitution chinoise à travers les siècles, en dépit des dynasties changeantes et des révolutions.

***

La famille chinoise est conçue suivant une notion très large. A beaucoup d'égards, elle rappelle étrangement la famille romaine. Comme elle, elle comprend tous les membres de la même communauté réunis sous l'autorité du père de famille, qu'ils y soient entrés par la procréation dans le mariage, ou par le lien artificiel de l'adoption. La famille est une

(1) *Ta-Tsing-Liu-Li*, sect. XC, p. 162.

unité économique et, comme la *domus* romaine, englobe la « familia », domestiques et esclaves. Tous les membres de la famille portent le même nom.

La communauté du nom entre des familles en fait depuis longtemps séparées fait présumer une parenté commune, quelque éloignée qu'elle soit. On peut la rapprocher du lien de gentilité, qui unit à Rome les familles par la communauté du *nomen gentilicium* et du culte, qui fait présumer la descendance d'un auteur commun. Le nombre restreint des familles ressort de l'expression fréquente dans le Chou-King (1), de « po sing », les cent noms de familles, pour désigner le peuple.

Cette parenté lointaine n'est pas uniquement théorique. Elle comporte une conséquence juridique importante. Les personnes du même nom de famille ne peuvent se marier entre elles. C'est un empêchement extrêmement gênant, car sur une population de plus de 360 millions d'habitants, il n'existe que 438 noms de famille. Il s'est trouvé que des individus n'ont pu se marier dans l'étendue de plusieurs districts, dont tous les habitants portaient le même nom.

Aussi des détours ont-ils été imaginés pour écarter cette prohibition. Le mariage est autorisé entre personnes du même nom, lorsque ce nom a deux points de départ différents et que les ancêtres n'ont pas la même origine; on le permet aussi entre les familles militaires et les familles du peuple.

Cette prohibition du mariage entre personnes du

(1) Morceaux choisis dans les anciennes annales, par Confucius, pour l'instruction de ses disciples.

même nom de famille est un aspect du mariage exogamique, c'est-à-dire admis seulement en dehors de la famille et du clan, pratiqué encore aujourd'hui chez les Indiens totémiques de l'Amérique du Nord.

Malgré les obstacles que cette conception oppose aux unions légitimes, le mariage a toujours été considéré par les Chinois comme une nécessité sociale. Le Liki (1) en exprimait déjà une conception très élevée. « Le mariage est le commencement d'une famille qui doit durer des siècles, » (2) ce qui implique la perpétuité de la famille. La définition qu'il donne du mariage marque l'importance de la fonction sociale et religieuse de cette institution. « Le mariage est la réunion par l'amitié et l'amour des représentants de deux noms de famille pour continuer la descendance des anciens sages, mettre au jour ceux qui doivent procéder aux offrandes pour le ciel... En vérité, le mariage forme la base du gouvernement. » (3)

En fait, le mariage est considéré comme « la plus importante des trois mille cérémonies » et, bien qu'aucune loi ne l'impose et n'interdise le célibat, le mariage est à ce point entré dans les mœurs des populations que les vieux garçons et les vieilles filles sont en Chine d'extrêmes raretés.

De la définition donnée par le Liki ressort la fonction essentielle du mariage : « la procréation d'enfants en vue de perpétuer le culte des ancêtres. » Cette idée fondamentale explique de nombreuses règles du mariage et de la famille.

(1) Mémorial des Rites.
(2) *Liki*, tome I, p. 429.
(3) *Liki*, tome I, p. 266.

Le culte des morts est une idée très répandue chez les peuples de l'antiquité. Ils ont considéré comme un devoir de famille sacré d'ensevelir leurs morts avec honneurs et d'observer le culte de leur mémoire. Chez les Chinois, le culte des morts apparaît comme le prolongement du devoir de piété filiale des enfants envers leurs parents. Dans la conception boudhiste, l'homme ne meurt pas, son âme supérieure monte, son âme inférieure descend, son corps se résout en ses éléments constitutifs. L'association familiale est une association indéfinie dans sa durée. Les ancêtres disparus continuent d'en faire partie, grâce à la conception de l'immortalité; matériellement, cette conception se traduit par les rites funéraires. Les besoins du Chinois ne cessent pas avec la vie; après sa mort, il lui faut une habitation, de la nourriture, des vêtements. A ces idées philosophiques se mêlent souvent des sentiments plus terre-à-terre et plus égoïstes. Dans le culte familial s'introduit, à côté du devoir de piété filiale, une sorte de calcul. Les vivants cherchent, par des présents, à se rendre favorables les esprits des morts, qui se vengeraient de ceux qui les délaissent.

Quoi qu'il en soit de la valeur philosophique ou morale de ces idées, les lois, comme les mœurs, contribuent à assurer le respect dû aux morts et le culte familial. Des dispositions minutieuses ont été prises par le Ta-Tsing-Liu-Li pour la réglementation des funérailles, (1) l'observation des deuils (2) et les vio-

(1) *Ta-Tsing-Liu-Li*, sect. CLXXI, p. 313.

(2) *Ta-Tsing-Liu-Li*, t. I, tableau III, p. 17 et sect. CLXXIX, p. 309.

lations des sépultures. (1) Chaque maison chinoise possède un autel, une armoire des ancêtres, où sont exposées des tablettes de bois mentionnant le nom, le rang, les jours de naissance et de décès des aïeux, considérés comme dieux domestiques. On brûle chaque jour devant ces tablettes des bâtonnets d'encens avec force révérences.

Beaucoup de familles possèdent aussi un temple des ancêtres, où sont exposées des tablettes du même genre et où l'on célèbre au printemps ou à l'automne les fêtes de famille, avec des offrandes de papiers peints représentant des barres de métaux; on brûle devant les tombeaux des objets divers, vêtements, malles, meubles, chevaux de papier, à l'usage des défunts et la cérémonie se termine par un festin mortuaire. Toutes les affaires de famille doivent être communiquées aux esprits et on doit leur demander de les bénir.

***

La nécessité d'assurer le culte des ancêtres explique le développement pris en Chine, comme à Rome, par l'adoption, moyen artificiel de donner des successeurs à celui dont la famille naturelle est sur le point de s'éteindre. Elle explique aussi la conception très particulière du mariage en Chine. Le but du mariage étant la procréation d'enfants qui perpétuent le culte des ancêtres, la loi et les mœurs permettent à celui dont le mariage est resté stérile de contracter une ou plusieurs autres unions. Le principe du mariage polyga-

(1) *Ta-Tsing-Liu-Li*, sect. CCLXXVI, p. 44 à 51.

mique est accepté ou, plus exactement, le principe d'un mariage monogamique accompagné de polygamie autorisée, c'est-à-dire d'une ou plusieurs unions inférieures.

Le mariage principal, en effet, ne peut être contracté qu'avec une seule épouse. Il mérite bien par là son nom de principal ou de supérieur, qui s'affirme aussi par toutes les dispositions qui le régissent et qui constituent autant de différences avec les unions inférieures. L'épouse est choisie par le père de famille, généralement dans une famille de même rang social que le mari. Au contraire, les concubines peuvent être en nombre illimité; l'homme les choisit lui-même, sans intervention de sa famille. Elles sont généralement d'un rang inférieur, car les classes élevées ne donnent pas leurs filles à un homme qui a déjà une épouse. Les conditions de forme et de fond sont moins rigoureuses pour les mariages inférieurs.

La supériorité du mariage principal se manifeste aussi par la situation de l'épouse principale dans la famille. Toutes les concubines sont placées sur le même rang et l'épouse a l'autorité sur elles. Le mari ne peut l'abaisser au rang de concubine, ni élever une concubine au rang de l'épouse, du vivant de celle-ci (1). L'épouse est considérée comme la mère de tous les enfants nés dans la famille.

Les deux catégories de mariages du droit chinois peuvent être rapprochées des *justæ nuptiæ* et du *concubinatus* à Rome. Tous deux sont des unions légitimes et le mariage inférieur comme le concubinat

(1) *Ta-Tsing-Liu-Li*, sect. CIII, p. 185.

se distinguent des unions de fait ou du concubinage. Ils se différencient, comme les *justæ nuptiæ* du concubinat, par une hiérarchie, qui fait du mariage de second rang, comme du concubinat, des mariages inférieurs. L'un et l'autre supposent une inégalité de condition sociale entre les deux époux; leurs règles de fond et de forme sont moins rigoureuses, leurs effets sont moins complets que ceux des *justæ nuptiæ* et du mariage principal.

Mais le mariage inférieur chinois et le concubinat romain diffèrent entre eux sur un point essentiel. Le concubinat, comme les *justæ nuptiæ,* est un mariage monogamique; les concubins sont assujettis au devoir de fidélité. Le concubinat est donc exclusif d'un autre concubinat ou d'un mariage en justes noces.

Au contraire, le mariage inférieur en Chine est un mariage polygamique. Un individu peut avoir, et a souvent en fait à la fois, plusieurs concubines et une épouse principale.

Cette opposition capitale avec le concubinat romain tient à la différence de fonction des deux institutions. Le concubinat (1) est un mariage inférieur. Ses origines sont incertaines; il paraît avoir été d'abord, sous Auguste, un acte licite (par opposition au *stuprum,* délit pénal), mais dépourvu de conséquences juridiques, d'effets à l'égard des époux entre eux et des enfants. Puis il est devenu au Bas-Empire un véritable mariage, inspiré du mariage sans écrit de la partie orientale de l'Empire, entre personnes de con-

(1) Cf. sur le concubinat : PLASSARD, *Le Concubinat à Rome à l'époque classique,* 1921.

ditions sociales différentes, générateur d'obligations entre époux et d'un lien de filiation entre le père et les enfants, mais avec certaines incapacités au détriment de ceux-ci.

Les mariages inférieurs du droit chinois sont le complément, le correctif du mariage principal monogamique. Ils remédient à la stérilité de cette union principale, en vue d'assurer le culte des ancêtres.

En dehors de cette fonction d'ordre religieux, ils constituent à d'autres points de vue des correctifs au principe monogamique. Ils permettent de passer outre aux conditions rigoureuses du mariage principal: interdiction de la célébration du mariage pendant le temps de deuil; prohibitions de mariage fondées sur la parenté (1), la qualité de fonctionnaire, l'inégalité de rang (actrices, danseuses, chanteuses, esclaves).

Enfin la polygamie de second rang constitue un correctif physiologique et psychologique au caractère familial du mariage. Le mariage en Chine, — c'est un trait essentiel, qui marque une fois de plus l'impor-

(1) Le mariage est interdit entre parents consanguins de tous degrés en ligne directe; d'autres parents ne peuvent se marier que dans leur génération et non dans une ligne de parenté plus âgée ou plus jeune, pour éviter de compliquer les rapports de parenté. L'alliance est aussi un empêchement au mariage et, dans certains cas, un crime d'inceste à des degrés nombreux : parents féminins jusqu'au quatrième degré, belle-fille, ou veuve d'un de ces parents ; veuve du frère. Le lévirat (mariage en secondes noces de la veuve sans enfant avec le frère du mari prédécédé), répandu chez les Hindous et les Arabes, est interdit en Chine. (VON MOELLENDORFF, *Le Droit de Famille Chinois*, p. 25.) Par contre, le fait inverse, le mariage d'un mari veuf avec la sœur cadette de sa femme défunte (sororat) est fréquent. (Cf. M. GRANET, *La Polygamie sororale et le sororat dans la Chine féodale*.)

tance sociale de l'association familiale — n'est pas un acte individuel, mais familial. Le mariage, dit le Liki (1), doit être « une alliance entre deux familles de noms différents dans le but rétrospectif d'assurer le culte des ancêtres et d'établir, pour l'avenir, et d'une manière durable, la continuité de la famille. » On se préoccupe peu du consentement des futurs époux et c'est entre les familles qu'ont lieu les pourparlers, c'est par leurs chefs que la décision est prise. Les négociations ont lieu par l'intermédiaire de courtiers en mariage. (2) Le mariage est précédé d'un contrat de fiançailles, conclu et signé par les personnes qui ont la puissance paternelle sur les fiancés; ceux-ci ne signent le contrat que lorsqu'ils n'ont pas de parents plus âgés qu'eux. Le rôle des parents est à ce point exclusif qu'ils peuvent fiancer des enfants en bas-âge, avec cette seule limite qu'il est interdit de les fiancer avant leur naissance.

Les mariages inférieurs, qui se contractent librement, entre l'homme et la femme, sans le consentement des parents, corrigent donc la rigueur d'un mariage négocié en dehors de leur volonté et permettent des unions fondées sur le libre consentement et les affinités réciproques des intéressés.

Les fiançailles, en effet, ne sont pas, comme dans les mœurs françaises actuelles, un acte à peu près dépourvu de valeur juridique. Elles donnent à chacune des parties le droit d'exiger la conclusion du mariage et les fiançailles sont maintenues, même si

(1) *Liki*, vol. II, p. 428.
(2) *Liki*, vol. III, p. 297.

la famille de la fiancée en conclut de nouvelles. Le contrat conclu par les familles a une telle force qu'il a la priorité sur les fiançailles conclues de son côté par le fils absent, sauf si son mariage a été consommé.

Sans entrer ici dans les détails des cérémonies du mariage, en voici les principaux traits. Quand la conclusion du mariage est décidée, la famille du fiancé envoie au père de la fiancée des étoffes de soie et les familles échangent un document, qui indique la somme payée pour la fiancée. C'est un vestige du mariage par achat, qu'on retrouve dans la forme romaine du mariage par *coemptio;* mais dans le mariage chinois, la remise de l'argent est effective.

La célébration du mariage consiste dans la conduite de la fiancée en grande parade jusqu'à la maison de son fiancé ; les époux s'agenouillent devant l'armoire des ancêtres et boivent le breuvage des fiançailles. La notoriété du mariage et son importance sont affirmées par la présence de nombreux invités, parents ou amis, qui célèbrent la fête pendant trois jours. Par contre, le mariage avec une concubine a lieu sans cérémonies.

Les effets du mariage, quant aux rapports des époux entre eux, sont simples. Ils sont à peu près les mêmes que ceux du mariage *in manu* du droit romain, mais il n'existe pas en Chine une seconde forme du mariage, analogue au mariage *sine manu,* laissant à la femme son indépendance complète.

Le mariage comporte le paiement d'une somme d'argent par la famille du mari. Cette vente fait passer la femme dans la famille du mari. Et cessant d'appartenir à sa propre famille, elle est déliée de la puissance paternelle; elle a quitté pour toujours sa famille et appartient désormais exclusivement à celle de son mari. Les parents de son mari deviennent les siens; elle leur doit le même respect filial que son mari et elle doit porter leur deuil pendant trois ans, tandis qu'il se réduit à un an pour ses propres parents. Elle continue même à appartenir à la famille de son mari lorsqu'il est décédé.

La femme principale partage le rang de son époux. En droit, sa situation à l'égard du mari est subordonnée et le mari est son chef, comme il est le chef de la famille tout entière. Le mariage la place sous son autorité absolue, assimilée à la puissance paternelle, à la *manus* romaine. Elle lui doit une obéissance absolue. Elle doit habiter avec lui et ne peut quitter la maison sans son autorisation. Il a sur elle le droit de correction, à condition de ne pas la blesser en la frappant avec un instrument tranchant. Ce délit est puni de deux degrés de moins qu'entre personnes non mariées et seulement sur la plainte de la femme. (1) Au contraire, la femme principale qui frappe son mari est plus sévèrement punie que d'après le droit commun. (2)

Le mari n'est pas soumis au devoir de fidélité. Au contraire, l'adultère de la femme est une cause obligatoire de divorce, en même temps qu'un délit pénal et le mari a le droit de tuer la femme et son complice, s'il les surprend en flagrant délit.

(1) *Ta-Tsing-Liu-Li*, section CCCXV, art. 3, p. 133.
(2) *Ta-Tsing-Liu-Li*, sect. CCCXV, p. 131.

Cependant la législation apporte quelque adoucissement à la rigueur de cette situation. Le mari ne peut sans délit louer sa femme (qu'elle soit principale ou concubine) à un autre pendant un certain temps. (1) S'il contraint son épouse à un commerce adultère ou s'il y consent, il commet un délit. (2) Enfin et surtout l'interdiction d'abaisser l'épouse principale au rang d'une concubine, d'élever une concubine au rang d'épouse principale, assure à la première femme, dans la famille, la situation privilégiée d'une épouse unique.

D'autre part, les mœurs viennent corriger la sévérité des lois. En Chine, plus que dans n'importe quelle civilisation, il faut toujours tenir compte, pour apprécier une situation juridique, non pas seulement des dispositions légales, mais de la coutume. La tradition, l'usage local corrigent la loi et l'assouplissent. « Le Chinois ne peut pas séparer la loi et la tradition, les coutumes. Un juge chinois trouvera toujours un moyen terme entre ce qui est juste et ce qui est strictement légal. Sa décision sera toujours prise d'après une variante, un usage local et en tenant compte des circonstances particulières de chaque cas. C'est dans ce sens que l'on doit comprendre le droit familial; non pas comme des lois écrites, mais comme des usages, partout en vigueur. » (3)

Dans les mœurs, le mariage est une institution respectée. La piété filiale, si vivace en Chine, assure la considération de tous les descendants à l'épouse, ré-

(1) *Ta-Tsing-Liu-Li*, sect. CII, p. 185.
(2) *Ta-Tsing-Liu-Li*, sect. CCCLXVII, p. 245.
(3) Von Moellendorff, *op. cit.*, p. 8.

putée mère de tous les enfants nés dans la famille. A la mort du chef de famille, c'est elle qui prend la direction des personnes et des biens.

L'égalité de condition sociale contribue aussi, comme la stabilité de son rang unique, à procurer à la femme principale une considération qui fait défaut aux concubines, de condition inférieure et toujours menacées d'une concurrence ou d'une répudiation. Dans une large mesure, les mœurs corroborent le caractère monogamique du mariage principal. L'opinion publique, la tradition, ne voient pas, comme la mentalité occidentale serait portée à le croire, dans la polygamie autorisée, la porte ouverte à la sensualité et à la débauche destructives du mariage, mais, comme nous l'avons dit, un correctif à la stérilité de l'épouse, qui compromet la perpétuité de la famille et du culte des ancêtres, ou à la rigueur d'un mariage imposé par la famille. La polygamie est entrée dans les mœurs comme une nécessité acceptée par la femme stérile elle-même, car le mari ne prend généralement pas de concubine, dans ce cas, sans son consentement. La polygamie est rare dans les basses classes de la société. La plupart des cas se présentent dans les familles riches, qui peuvent assurer à chaque femme une habitation séparée, de sorte que la vie de famille n'est pas troublée par les disputes des femmes. (1)

Les rapports pécuniaires des époux se réduisent à peu de chose. En général, la femme n'apporte pas de dot, et si elle s'en constitue une, elle consiste surtout

(1) Cf. VON MOELLENDORFF, *op. cit.*, p. 66.

en objets mobiliers: trousseau, meubles meublants, bijoux, etc... Les biens qu'elle possédait avant le mariage ou qu'elle acquiert (par succession notamment) pendant le mariage deviennent, sauf une clause expresse du contrat de mariage, la propriété définitive du mari. Cependant en fait, elle reprend ses bijoux, ses étoffes de soie, ses objets de valeur, en cas de séparation ou de prédécès du mari.

En dehors de la mort, les causes de dissolution du mariage sont nombreuses et la plupart sanctionnent les devoirs de la femme. La séparation est obligatoire dans le cas d'empêchement au mariage et dans celui d'adultère de la femme. Elle est facultative: en cas de consentement mutuel; si la femme quitte le domicile contre la volonté du mari, ou le frappe; si le contrat de mariage contient de fausses indications; enfin, lorsque la femme a un des sept défauts suivants: si elle est stérile, sensuelle, manquant de piété filiale envers les parents de son mari, trop bavarde, portée au vol, jalouse, ou atteinte d'une maladie incurable.

Cependant le mari est tenu de conserver sa femme, si elle a porté pendant trois ans le deuil complet pour ses parents, si la famille du mari, pauvre au moment du mariage, est devenue riche ultérieurement et que la femme n'ait aucun parent chez qui elle puisse se retirer.

La séparation entraîne des conséquences radicales et rétroactives, dans la mesure où elles ne se heurtent pas à une situation de fait. Le mariage est considéré comme n'ayant jamais été conclu (ce qui explique pourquoi les empêchements au mariage, véritables causes de nullité, sont classés parmi les causes de séparation). Tout lien est rompu entre la femme et ses enfants, qui restent avec leur père, tandis que la femme retourne dans sa famille; si elle n'y est pas acceptée, elle devient indépendante, *sui juris*.

Le second mariage est admis pour le mari; il n'est accepté pour la veuve qu'après un deuil de trois ans et il est mal vu par l'opinion; il est interdit à la veuve d'un homme de haut rang.

Le mariage est la source normale de la famille, mais non la seule. L'autorité du père s'exerce sur les enfants nés dans le mariage principal ou secondaire, on nés en dehors du mariage, s'il les reconnaît ou les légitime par un mariage subséquent, et sur les enfants qu'il a adoptés.

La puissance paternelle ressemble à la *patria potestas* romaine par plusieurs caractères. D'abord, l'autorité du père est absolue; il exerce une puissance unilatérale et non une fonction de protection, comme dans la notion moderne de la puissance paternelle. Le père a le droit de correction sur ses enfants, il peut les vendre ou les exposer jusqu'à l'âge de trois ans. Il lui est seulement défendu de livrer ses filles (ou sa femme) à la prostitution et de les louer à un autre homme. Cette dernière prohibition n'est pas toujours respectée dans la classe pauvre, où l'on voit des maris vendre ou louer leur femme. Le droit de vendre les enfants ne comporte pas la limite qu'on trouve en droit romain, dans la loi des XII Tables, d'après laquelle le fils vendu successivement à trois reprises par son père est libéré de la puissance paternelle.

Le droit de correction du père de famille est à peu près absolu. A peine les Ta-Tsing-Liu-Li édictent-ils des peines, relativement légères, contre les châtiments entraînant une infirmité ou même la mort.

« Si un père, une mère, un grand-père ou une grand'mère du côté paternel châtie, pour désobéissance, ses fils ou fille, ses petit-fils ou petite-fille, d'une façon inusitée et si sévère qu'ils les tuent, ceux d'entre eux qui se rendront coupables de ce meurtre seront punis de cent coups. »

« Quand lesdits parents tueront, pour la cause susdite, leurs enfants ou petits-enfants avec intention de leur ôter la vie, la peine à leur infliger s'étendra à 60 coups et une année de bannissement. » (1) La peine est élevée d'un degré pour la belle-mère ou la mère adoptive. (2)

« Si le châtiment infligé à la femme ou à l'enfant adoptif d'un fils ou d'un petit-fils entraîne un accident fâcheux, la peine est de 80 coups; s'il entraîne une impotence incurable, elle est de 90 coups, et la victime est renvoyée dans sa famille; les deux familles doivent pourvoir à sa subsistance; si les coups sont mortels, la peine est portée à 100 coups et trois années de bannissement. » (3)

Ces limites au droit de correction sont donc bien

(1) *Ta-Tsing-Liu-Li*, section CCCXIX, art. 2, p. 142.
(2) *Ta-Tsing-Liu-Li*, p. 143.
(3) *Loc. cit.* art. 4, p. 144.

peu sévères. Elles suffisent cependant pour écarter en théorie le droit de vie et de mort du père de famille sur ses enfants, bien que l'infanticide sans motif ne soit pas expressément prévu comme un délit pénal. Ici, comme en matière de mariage, les coutumes viennent compléter le droit.

Dans le droit romain, primitif, le *paterfamilias* avait le droit de vie et de mort sur ses enfants; mais, en fait, il devait tenir compte de l'opinion publique, du conseil des proches, et son droit apparaissait plutôt comme l'exercice d'une magistrature, d'un pouvoir disciplinaire que comme un droit arbitraire.

De même, en Chine, l'infanticide n'est pas formellement interdit; mais l'opinion lui est hostile, et l'opinion compte peut-être plus que la loi. Le désir, l'obligation de perpétuer la famille est certainement un puissant obstacle à l'infanticide, au moins pour les mâles. L'infanticide s'explique surtout par la misère des ouvriers, forcés à se marier très jeunes et chargés d'une nombreuse famille.

D'autres traits communs sont à noter entre la puissance paternelle et la *patria potestas* romaine. C'est une autorité générale. Elle n'appartient pas seulement, comme aujourd'hui en France, au père sur ses enfants mineurs. Elle est exercée par le chef de la famille, le *paterfamilias,* sur l'ensemble de la famille. L'ascendant a autorité sur ses femmes, sur ses enfants, garçons et filles, sur les femmes des fils, sur ses petits-enfants, et leurs descendants. Son autorité est, en principe, perpétuelle, comme la *patria potestas*. Elle dure toute la vie du *paterfamilias* et les fils, quel que soit leur âge ou leur condition sociale, y sont soumis.

Du vivant du *paterfamilias,* son autorité cesse, de sa propre volonté, par le mariage des filles, la dation en adoption des fils et des filles, par l'exposition, par l'autorisation d'entrer dans un ordre religieux. Le père peut aussi céder sa puissance, même contre le gré de ses enfants, ce qui accuse le caractère unilatéral, presque patrimonial, de son autorité. La dation en adoption est, en somme, une cession de puissance sans consentement de l'intéressé.

En dehors de la volonté du père, l'exercice de la puissance paternelle, quand son fils devient fonctionnaire, est subordonné à une autorisation impériale. D'autre part, l'état d'indigence et d'aliénation mentale du père rend le fils *sui juris.* Enfin le fils cesse généralement d'être soumis à la puissance paternelle, quand il va s'établir dans une autre province.

La fille mariée, séparée de son mari, peut revenir sous l'autorité de son père, mais la veuve continue d'appartenir à la famille de son mari.

A la mort du *paterfamilias,* ses droits passent à son épouse principale, différence essentielle avec le droit romain. La femme chinoise exerce, dans ce cas, la puissance paternelle sur ses enfants. A sa mort, l'autorité passe au fils aîné, qui est investi des pouvoirs de ses père et mère sur ses frères cadets et sur ses sœurs.

A défaut de fils aîné exerçant de droit la puissance paternelle et à défaut de tuteur testamentaire, la puissance paternelle est attribuée à un des parents mâles du même nom ou d'un autre nom de famille. Si personne ne veut accepter la *patria potestas,* on nomme un tuteur, qui exerce la puissance paternelle sa vie durant et administre pour l'incapable, mais garde la jouissance des biens.

En se remariant, la veuve fait passer les enfants du premier lit sous la puissance paternelle du second mari; avec l'autorisation de celui-ci, elle peut les faire rentrer dans la famille de son premier mari et un tuteur leur est alors nommé.

*
* *

Les devoirs des enfants et descendants envers leurs parents se résument dans la piété filiale, appelée la vertu fondamentale. Cette vertu est, en effet, à la base même de la famille et de la société. Elle comporte un certain nombre d'obligations juridiques, du vivant des parents et après leur mort.

Pendant la vie des parents, les enfants leur doivent l'entretien, s'ils sont dans le besoin, et l'obéissance. Ces obligations sont sanctionnées comme des délits, mais seulement sur la plainte des parents. Les fils, notamment le fils fonctionnaire, doit rester auprès de ses parents ou grands-parents âgés de plus de quatre-vingts ans, malades ou infirmes.

Le respect filial interdit aux descendants de porter plainte contre leurs ascendants, comme à la femme contre son mari, sous peine de délit, même si l'accusation est reconnue fondée (1), sauf dans le cas de crimes politiques. (2)

(1) *Ta-Tsing-Liu-Li*, section CCCXXXIII, art. 1 et 2, p. 167.
(2) *Loc cit.*, art. 3, p. 169.

Pour le même motif, les descendants ne sont pas tenus de porter témoignage contre leurs ascendants, ni de dénoncer les crimes qu'ils ont commis, à l'exception des crimes politiques. (1)

Ils sont obligés, au contraire, de dénoncer, sous peine de complicité, le meurtre de leurs ascendants. (2)

La désobéissance ou le défaut d'entretien sont punis par le Code pénal de cent coups de bâton, mais le Code ajoute cette condition importante, qui implique un contrôle de l'autorité judiciaire: « Cette loi, néanmoins, s'appliquera seulement au cas de désobéissance volontaire *à des commandements justes.* » De plus, une plainte des parents est nécessaire. (3)

Le parricide, c'est-à-dire le meurtre du père ou de la mère, du grand-père ou de la grand'mère, du côté paternel ou maternel, du mari de ses père, mère, grand-père ou grand'mère, est puni par le Code de la mort par une exécution lente et douloureuse. Le simple projet, même non suivi d'exécution, entraîne la mort par décollement. (4) La peine est de la strangulation, s'il s'agit d'un parent plus âgé que le délinquant, jusqu'au 4e degré de consanguinité et, en cas de projet, de 1.000 coups de bâton et de bannissement perpétuel. (5)

Les paroles outrageantes à un parent plus âgé sont punies de peines qui s'aggravent avec le rapproche-

(1) *Ta-Tsing-Liu-Li.* sect. XXXII, p. 70.
(2) *Op. cit.* sect. CCC, p. 95.
(3) *Op. cit.* sect. CCCXXXVIII, p. 194.
(4) *Op. cit.* sect. CCLXXXIV, art. 1er, p. 65.
(5) *Loc. cit.* p. 66.

ment du degré de parenté et qui vont jusqu'à la strangulation, si elles s'adressent aux ascendants ou à ceux du mari, à condition qu'ils aient eux-mêmes entendu ces paroles et qu'ils portent plainte. (1)

***

La puissance paternelle porte non seulement sur les enfants nés dans la famille du mariage principal ou d'un mariage inférieur, mais sur ceux que le père a fait entrer dans la famille par l'adoption. L'adoption présente en Chine une importance aussi grande qu'à Rome. Dans sa fonction principale, elle y répond au même but, la continuation de la famille pour assurer le culte des morts. L'extinction d'une famille doit être évitée, car, par suite de la destruction de la maison, les morts perdent leurs honneurs religieux, les dieux familiers, leurs sacrifices, le foyer, sa flamme, et les ancêtres, leurs noms au milieu des vivants.Comme le mariage inférieur, l'adoption est un remède à la stérilité de la femme, qui compromet la perpétuité de la famille et du culte.

L'adoption est aussi un moyen de tourner certaines dispositions légales. Elle évite la confiscation de la fortune édictée contre les parents proches des auteurs de certains crimes, en rompant le lien de parenté. Elle permet d'éluder l'interdiction pour les fonctionnaires d'occuper un emploi dans leur province d'origine; en se faisant adopter par une famille du même nom dans une autre province, le fonctionnaire acquiert ainsi le droit de cité dans la province de ses parents

(1) *Ta-Tsing-Liu-Li*, sect. CCCXXVIII et CCCXXIX, p. 161 et 162.

adoptifs et peut accepter un emploi dans sa province d'origine.

L'adoption avait à Rome d'autres fonctions. Elle permit aux premiers empereurs d'asseoir le principe héréditaire de leur magistrature, que la *lex de imperio* ne leur avait conférée qu'à vie. L'hérédité de la couronne impériale rendait sans objet en Chine cette fonction de l'adoption.

Elle servait aussi, à Rome, à corriger les conséquences contraires à la nature de la parenté agnatique et à rattacher par des liens de parenté civile des cognats (grand-père et enfants du fils émancipé, grand-père et petits-enfants nés d'une fille mariée *cum manu*). En Chine, l'émancipation n'existe pas. Le mariage fait sortir les filles et leur postérité de la famille paternelle. Cependant l'adoption ne paraît pas orientée vers cette fonction. Néanmoins, si l'adoption des cognats atténuait dans une certaine mesure à Rome le caractère artificiel de l'adoption, la physionomie familiale de cette institution est encore plus acentuée en Chine. Sans doute, l'adoption des étrangers est permise, mais elle demeure assez rare. Toutes les fois qu'ils le peuvent, c'est dans leur famille, soit du côté paternel, soit du côté maternel, ou tout au moins dans une famille du même nom que les Chinois cherchent de préférence des enfants adoptifs. Cette pratique accuse encore le caractère de l'association familiale. Destinée à perpétuer la famille et son culte, l'adoption se fait normalement à l'intérieur de cette association vaste, mais fermée, entre ceux que relie déjà une communauté d'origine et de culte.

Et l'adoption marque à cet égard une opposition intéressante avec le mariage. Tandis que, pour des raisons sans doute physiologiques, l'interdiction du mariage endogamique entre familles de même nom réserve à des éléments étrangers la création d'un groupe familial nouveau, l'adoption va chercher dans la famille même les éléments de perpétuation de l'association familiale.

La forme la plus fréquente de l'adoption est, en effet, l'adoption d'un neveu par son oncle sans enfants. S'il y a deux neveux, c'est ordinairement le plus jeune qui quitte la famille de son père, l'aîné étant désigné par la coutume pour continuer la famille et son culte. La continuation de la famille est si importante que, s'il n'y a qu'un seul neveu, il doit prendre une seconde épouse, dont les fils seront considérés comme les descendants de son oncle: il assure alors un double culte des ancêtres. Il porte le deuil pendant trois ans pour son père adoptif et pendant un an pour ses propres parents. S'il ne laisse qu'un fils, celui-ci doit aussi épouser deux femmes; les enfants de l'une assureront le culte de leur grand-père, les enfants de l'autre, le culte de leur grand-oncle; c'est le seul cas où un Chinois puisse avoir en même temps deux épouses.

S'il n'y a ni fils ni neveu, mais une fille, on emploie un détour: on reçoit un gendre dans la famille, il quitte sa propre famille, sans être l'objet d'une adoption proprement dite.

L'adoption peut se faire au profit d'une personne à titre de fils ou de fille, ou, si l'adoptant a eu des fils, à titre de petits-enfants, mais non à titre de frère, d'épouse principale, ni de concubine. Les adoptions de fils sont de beaucoup les plus fréquentes.

Comme le mariage, l'adoption est un acte familial plutôt qu'individuel, parce qu'elle intéresse l'association familiale entière. Ce sont les chefs de famille qui la décident, et théoriquement, le consentement de l'adopté n'est pas nécessaire, sauf s'il est fonctionnaire. Mais en fait, le fils adulte ou marié n'est pas donné en adoption contre son gré. Un fils ne peut se donner en adrogation que du consentement de son père et de ses frères aînés et si, résidant à une grande distance du père, il se donne en adrogation, le père peut le réclamer à son retour.

Un individu qui a des fils ne peut adopter un étranger comme leur frère aîné, mais comme petit-fils, fils de l'un d'eux, et, après sa mort, les fils peuvent faire annuler cette adoption. Après la mort du père, les frères peuvent donner en adoption leurs sœurs aînées ou cadettes, mais non contre leur gré. Après la mort de son mari, la femme, qui acquiert ses droits, peut adopter ou se donner en adoption, mais avec le consentement du plus proche parent de son mari défunt. Elle peut s'opposer à ce que les fils légitimes ou adoptifs de son mari se donnent en adoption.

Une institution particulière au droit chinois est l'adoption posthume. Après la mort du mari sans héritier mâle, ses parents ou ses amis peuvent adopter pour lui un fils posthume, de préférence un neveu, pour que puisse se perpétuer le culte des ancêtres.

Dans l'usage, l'adoptant doit être plus âgé que l'adopté, mais la loi n'exige pas, comme le droit romain, un âge absolu. Les enfants trouvés au-dessus de trois ans peuvent être adoptés sans aucune forme.

Différente de l'adoption romaine dans ses conditions de fond et de forme, l'adoption chinoise s'en sépare aussi par ses effets. Ceux-ci sont toujours les mêmes, sans qu'il y ait à distinguer, comme à Rome, entre l'adrogation et l'adoption. L'adopté entre dans la famille de l'adoptant, au rang d'un enfant légitime: dans la succession de son père adoptif, il passe avant les filles. S'il est marié, sa femme le suit dans sa nouvelle famille, mais ses enfants demeurent dans son ancienne famille, à la différence de l'adrogation romaine.

Son lien avec sa famille d'origine n'est pas aussi radicalement rompu qu'à Rome. Il porte le deuil de ses parents d'origine, du consentement de ses parents adoptifs; il ne peut être vendu sans leur consentement, sauf si une seconde adoption est réellement avantageuse pour lui. Il peut retourner dans sa famille, si l'adoption est annulée.

C'est, en effet, une caractéristique de l'adoption chinoise de n'être pas toujours définitive. Les fils légitimes peuvent, après la mort du père, demander l'annulation de l'adoption d'un étranger. L'adoption peut être révoquée par le renvoi de l'adopté dans sa famille et la conclusion d'une autre adoption. Enfin et surtout, si le père a des fils postérieurement à l'adoption, celle-ci devient sans objet et peut être révoquée, mais seulement si les parents de l'adopté consentent à reprendre leur enfant: l'adoption était en effet un contrat entre les deux familles, qui ne peut se rompre que de leur consentement mutuel. L'adoptant doit conserver l'enfant, si celui-ci n'a personne dans sa famille chez qui il puisse retourner, car un individu, à l'exception des fonctionnaires, ne peut être laissé sans famille. Nous avons rencontré une règle analogue en cas de séparation des époux.

***

La famille n'est pas seulement une association de personnes, mais aussi une association de biens. L'entretien des parents, le culte des ancêtres, exigent que la famille possède des biens et, comme la famille est une association indéfinie dans sa durée, perpétuelle, qu'elle englobe les morts, les vivants, les parents à venir, le patrimoine familial doit aussi être perpétuel; son intégrité doit être maintenue et la famille doit s'efforcer de l'accroître.

Sous le régime impérial, il semble que le patrimoine était plutôt la propriété collective de la famille que la propriété individuelle du père. Le père n'en serait que le gérant, l'administrateur et, après lui, la mère. D'après le Liki (1), le patrimoine constitué par les ancêtres ne peut être aliéné et doit être laissé aux descendants. Le même texte accuse ce caractère collectif, en interdisant au père de vendre un de ses biens, même s'il se trouve dans la misère.

Un autre argument dans le même sens peut être tiré des dispositions du Ta-Tsing-Liu-Li sur le vol. Le vol commis par un des parents du premier au qua-

(1) Livre VIII, chapitre IV.

trième degré est moins sévèrement puni que le vol au préjudice d'une personne quelconque, et d'autant moins que le degré de parenté est plus rapproché. (1)

Quels que soient les droits reconnus au père sur le patrimoine, qu'il ait seulement le pouvoir de les administrer, ou qu'on lui donne le droit de les hypothéquer ou de les vendre, il administre ordinairement avec le concours de ses fils adultes. Leur signature est requise sur les actes qui concernent le patrimoine familial; c'est donc bien la collectivité familiale qui est propriétaire des biens. De même, la mère, après le décès du père, administre souvent les biens avec le concours d'un de ses fils.

Pendant la vie du père, les fils n'ont, en tout cas, pas de patrimoine personnel. Le produit de leur travail entre dans les biens communs, de même que les donations qui pourraient leur être faites. Nous trouvons là une nouvelle preuve du caractère collectif du patrimoine.

Du vivant des parents, il n'est pas permis aux fils et aux petits-fils de former des établissements séparés de ceux de leurs père et mère, ou grands-pères et grand'mères, et de prendre une partie des biens patrimoniaux, réservés à la jouissance commune. (2)

Il semble même que la jouissance commune soit maintenue, comme une sorte de communauté taisible, entre les membres de la famille qui continuent à vivre sous le même toit. Le Ta-Tsing-Liu-Li punit, en effet, « ceux des plus jeunes et derniers membres d'une fa-

(1) *Ta-Tsing-Liu-Li*, sect. . CCLXXII, p. 53.
(2) *Ta-Tsing-Liu-Li*, sect. LXXXVII, p. 156.

mille qui, vivant sous le même toit que les autres, appliqueront à leur usage particulier, ou disposeront autrement, sans permission, des biens de famille dont la jouissance est commune. » (1)

Le testament des parents peut déterminer les conditions du partage de l'héritage: « Les fils et petits-fils qui formeront des établissements séparés de biens de leurs susdits parents, et se partageront leur héritage, avant l'expiration du temps pendant lequel ils sont tenus par la loi à en porter le deuil, seront punis de 80 coups, pourvu qu'ils aient été convaincus... à la requête d'un de leurs vieux parents au premier degré et qu'ils n'aient pas été autorisés à procéder à ce partage par le testament de leurs dits parents décédés. » (2)

C'est au moment de la séparation des membres de la famille que le partage se fait entre les branches aînées et cadettes et il doit être impartial .(3)

Le principe de la copropriété familiale en vue de la perpétuité de la famille semble attribuer un droit propre sur les biens familiaux aux enfants, véritables *heredes sui* du *paterfamilias* et écarter le droit pour celui-ci de faire un testament à leur détriment. La section LXVIII du Ta-Tsing-Liu-Li punit « quiconque nommera son héritier et son représentant d'une manière illégale. » (4) C'est seulement à défaut d'enfants mâles qu'il est nécessaire de régler le sort des biens et d'assurer le culte des ancêtres. Le père re-

(1) *Ta-Tsing-Liu-Li*, sect. LXXXVIII, page 156.
(2) *Op. cit.*, sect. LXXXVII, p. 157.
(3) *Op. cit.*, sect. LXXXVIII, p. 156.
(4) *Op. cit.*, p. 145.

court à l'adoption en commençant par les parents les plus rapprochés; et c'est seulement à défaut de parents au 4e degré qu'il a la liberté de choisir qui il veut, parmi ceux qui auront le même nom que lui : c'est encore une limite indirecte à la liberté testamentaire.

Mais la survenance ultérieure d'un fils ne révoque point de droit l'adoption: le fils par le sang et le fils adoptif partagent, par parts égales, les biens de la famille.

La présence de la veuve non remariée et sans enfants suspend aussi le partage; elle pourra demeurer en possession des biens de la famille; mais elle appellera à sa succession son plus proche héritier.

A défaut d'enfants mâles et de fils adoptif, la liberté testamentaire est admise dans une mesure limitée; en cas d'inimitié ouverte avec la famille de son héritier légal, l'homme qui n'a pas d'enfants mâles « sera libre de choisir celui de ses parents qu'il estimera le plus, parmi ceux connus pour descendants des mêmes ancêtres que lui. Si, dans ce cas, l'héritier exclu veut contraindre celui qui l'a déshérité à admettre sa réclamation à lui succéder, les magistrats interviendront et confirmeront le droit de l'héritier qui aura été choisi. » (1)

Sous l'influence des idées occidentales, une évolution semble se produire depuis quelques années, qui tend à transformer la propriété collective de la famille en propriété individuelle. Mais cette évolution

(1) V. sur ces points, statut supplémentaire à la section LXXVIII, *Ta-Tsing-Liu-Li*, appendice N° XII, tome II, p. 425.

n'est pas achevée et elle sort du cadre chronologique de notre étude.

La famille chinoise, fondée sur l'unité du culte, est, de son essence, perpétuelle. Dans le passé, elle s'étend à tous les ancêtres, dont le culte doit être assuré; dans l'avenir, elle englobe les générations futures. Cette notion de perpétuité s'affirme d'une manière plus frappante encore dans l'existence d'associations particulières, d'ordre familial, les clans.

***

Par la force des choses, le mot *famille* ne peut comporter qu'une acception étroite. Un individu qui se marie, qui a des enfants, forme une unité familiale distincte. Des liens de parenté la relient aux ascendants, aux alliés, aux collatéraux, qui composent la famille dans un sens large. Mais un moment vient où les ramifications de plus en plus nombreuses, la naissance de générations nouvelles, diluent cette notion de parenté, estompent les relations de famille entre parents de plus en plus éloignés, jusqu'à ne pouvoir plus prouver le degré du lien qui les unit.

Cependant telle est la force de l'association familiale en Chine qu'un lien subsiste entre individus incapables de démontrer qu'ils appartiennent à une même famille, de remonter tous les degrés jusqu'à leur auteur commun. Ce groupe large, qui se forme entre individus du même nom de famille, vivant dans le voisinage les uns des autres, c'est le clan.

Les clans se rencontrent dans toutes les parties de l'empire chinois; mais ils sont surtout fréquents dans les provinces du Sud et du Centre, qui, moins bouleversées par les invasions, ont conservé l'esprit traditionnel chinois avec une plus grande pureté. L'étendue des clans est d'ailleurs extrêmement variable. Le plus grand nombre comprennent quelques dizaines d'individus, englobant les familles issues d'un trisaïeul commun. Mais il en existe aussi assez souvent qui comprennent quelques centaines de personnes et détiennent un village tout entier; il arrive même assez fréquemment que des clans contiennent plusieurs milliers de personnes, occupant des districts entiers.

Le clan est une unité à la fois familiale et géographique. Il se constitue entre individus de même nom de famille, et il n'admet pas volontiers de familles de noms différents sur son territoire.

Comme la famille, le clan comporte un culte, celui de l'ancêtre commun présumé, qui vient se superposer au culte particulier de chaque famille. Le clan a son temple, sa bonzerie, fondée à frais communs ou grâce aux libéralités des familles riches. Le culte est célébré aux fêtes du printemps et de l'automne et les chairs destinées aux sacrifices sont distribuées entre les membres du clan.

Constitué à l'image de la famille, le clan présente un caractère patriarcal. De même que, dans la famille, l'autorité appartient au *paterfamilias*, dans le clan, la primauté appartient au chef de la branche aînée. Ce principe de l'autorité de l'aîné a d'ailleurs perdu de sa vigueur. Il avait, à l'origine, engendré une société aristocratique composée de clans soumis à la puissance des aînés. Les circonstances politiques et sociales ont affaibli ce privilège et parfois entraîné la disparition totale des clans.

Aujourd'hui, la constitution des clans conserve cependant cet aspect traditionnel d'un groupe à autorité unique, mais le principe de la solidarité vient atténuer cet aspect aristocratique. Tantôt le chef du clan est pris dans la branche aînée, tantôt il est désigné par les chefs de familles, les anciens. Toutes les branches du clan doivent être représentées à cette désignation, qui n'a d'ailleurs pas le caractère d'une véritable élection moderne avec scrutin et vote individuel. Le chef est désigné par l'assentiment commun, sans règle précise de majorité ni d'unanimité; on choisit le membre le plus ancien et le plus considéré; il est nommé tantôt à vie, tantôt pour une période déterminée, mais rééligible indéfiniment.

La solidarité du groupe se manifeste aussi dans l'administration. Parfois le patrimoine reste indivis pendant plusieurs générations et la vie en commun continue entre les descendants du défunt, sous la direction de l'aîné ou des anciens, chefs de cette sorte de communauté. Ce n'est pas le cas ordinaire; le plus souvent, la terre se divise et chaque famille a son patrimoine distinct, que son chef administre. Cependant, l'idée de copropriété familiale du clan apparaît dans cette règle que les agnats conservent un droit de préemption et que la vente à des étrangers n'est pas autorisée. Aussi le père de famille ne peut-il vendre un de ses biens sans le concours de ses agnats à l'acte.

De même que le père dans la famille, le chef dans le clan exerce un pouvoir disciplinaire sur les personnes placées sous son autorité paternelle. C'est d'accord avec les principaux anciens que le chef juge le membre dissipateur ou désobéissant. Le clan peut prononcer l'exclusion pour une année du culte des ancêtres et des sacrifices ou, peine plus sévère, qui prive le membre du clan du bénéfice de la solidarité du groupe, l'exclusion définitive du clan. Si, par ses crimes continuels, un individu déshonore le groupe et que personne ne veuille répondre de lui, il est puni de mort, noyé ou enterré vivant.

La participation des membres du clan à l'administration se manifeste encore par des assemblées réunies de temps en temps, pour discuter des questions graves qui intéressent le clan. La délibération n'a pas pour conclusion le vote d'une résolution proprement dite, à la majorité. La décision est prise par l'ensemble du groupe, et à défaut d'opposition marquée.

Les fonctions du chef du clan sont assez variées. L'une des plus importantes consiste à tenir le registre du clan, c'est-à-dire à maintenir constamment à jour l'arbre généalogique des familles du clan depuis le premier ancêtre. Il inscrit sur les registres les dates de naissance et de mort, les mariages, les titres obtenus et les fonctions remplies. A chaque génération, les registres sont mis à jour et gravés, au milieu de cérémonies religieuses. Les originaux des registres sont conservés au temple commun du clan et des exemplaires sont portés en grande pompe de ce temple aux temples particuliers des familles. Ces registres constituent de véritables registres de l'état civil; des extraits en sont délivrés à ceux des membres du groupe qui partent au loin exercer un commerce ou une fonction. Ces extraits leur permettent de prouver leur filiation et peuvent faire preuve en justice.

Comme toute association chinoise, le clan est aussi un organe de protection mutuelle. Il fonde des écoles, des bonzeries; il distribue des secours aux membres peu fortunés. Il crée entre ses membres une solidarité, dont ils savent user à l'occasion comme d'un droit. « Un parent pauvre traverse des provinces et va au yamen de son arrière-cousin, intendant au cercle ou vice-roi,pour lui réclamer l'aide qui lui est due. Fût-il importun, usât-il d'injures, pas un des valets ne portera la main sur lui; le sous-préfet évitera de juger l'affaire; le délinquant est un parent, ce sont des affaires de famille. » (1)

D'ailleurs, l'autorité n'intervient pas volontiers dans les affaires des clans, pas plus, nous le verrons, que dans celles des autres assocations chinoises. Elle trouve plus commode d'affecter de n'y voir que des affaires privées. Le clan arrive ainsi à constituer un véritable Etat dans l'Etat. Il a son territoire, ses greniers, ses écoles, ses bonzeries, ses temples, son culte, ses usages et ses traditions. Jaloux de son indépendance, de ses prétendus privilèges en matière de justice et d'impôt, il apparaît comme un corps en état de lutte latente contre l'Etat. Malgré l'intervention de la force armée, certains clans du Sud ne paient jamais plus de la moitié ou des deux tiers de leurs taxes;

(1) COURANT. *Les Associations en Chine*. Annales des Sciences politiques, janvier 1899, p. 91.

d'autres vivent entre eux en état de guerre perpétuelle, à la suite d'une inimitié héréditaire et le gouvernement ne réussit à leur imposer que des trêves et non la cessation de ces guerres privées.

L'existence en face de l'Etat d'un groupe puissant par la solidarité de ses membres a conduit les empereurs de la dynastie des Tsin (255-202 av. J. C.) à édicter une loi célèbre, qui rend le clan tout entier responsable des crimes de l'un de ses membres. Cette loi cruelle et contraire au principe occidental de la personnalité des peines reposait sur le principe de la solidarité des membres du clan. Elle n'était plus appliquée dans les dernières années de l'Empire que pour les crimes politiques: rébellion, haute trahison et crimes analogues. (1)

Mais, d'autre part, le clan est un groupement particulariste, local. Il n'admet pas dans son sein ceux qui ne portent pas le même nom de famillle, ni les Chinois appartenant à d'autres districts. Ce particularisme l'empêche de s'unir aux clans voisins. Il est pour lui une cause de faiblesse.

(1) Cf. *Ta-Tsing-Liu-Li*, section CCLIV et statut supplémentaire ainsi conçu : « Tous les parents mâles des criminels coupables de haute trahison, qui auront seize ans et au-dessus, seront exécutés de la manière prescrite par la loi fondamentale. Les autres enfants mâles, s'il est prouvé qu'ils sont entièrement innocents du délit qui aura été commis, ne subiront pas la mort, mais ils seront rendus eunuques, pour être employés au service public, dans les bâtiments extérieurs du palais. Parmi lesdits enfants, ceux qui n'auront pas dix ans seront détenus en prison jusqu'à ce qu'ils aient atteint cet âge, et alors ils seront envoyés au palais de l'empereur pour y servir comme il vient d'être réglé. » *Op. cit.*, p. 455.

CHAPITRE II

LES ASSOCIATIONS PROVINCIALES

Caractéristiques de ces Associations; Distinction entre les Associations provinciales et les Associations professionnelles. — Origines. — Composition; Administration; Ressources. — Buts; Rôles; Puissance. — Société de l'Orchidée d'Or — Congrégations Chinoises en Indo-Chine.

Dans les grandes villes de France, et surtout à Paris, il existe à l'heure actuelle un certain nombre de groupements, constitués sous la forme de l'association déclarée ou reconnues d'utilité publique, qui réunissent, sans distinction de condition sociale ni de profession, les individus originaires d'une même région. Ces associations, qui empruntent leur nom à celui de la région, ou au nom pittoresque d'un produit local, répondent au besoin qu'éprouvent les originaires d'une même province, dans une ville où tous sont éparpillés et isolés, de se réunir entre gens parlant la même langue, ayant la même mentalité, les mêmes intérêts et les mêmes préoccupations régionales ou locales. Moyennant une petite cotisation ou grâce aux dons des plus fortunés, ces compatriotes se réunissent en des banquets, soirées, représentations artistiques. L'association revêt souvent un caractère philanthropique: elle secourt ses membres dans le besoin; elle assure le placement de ses membres ouvriers ou employés, en les mettant en rapport avec des membres patrons; parfois elle revêt aussi un caractère confessionnel.

Ces groupements sont nés du besoin naturel à l'homme de rechercher, quand il est isolé, la société de ses semblables et, parmi eux, de ceux qui le touchent de plus près par la communauté d'origine.

La Chine, où l'esprit d'association est si développé, ne pouvait manquer de connaître des groupements de ce genre et, en fait, les associations provinciales, par leur nombre, par leur solide organisation, par leur action vigoureuse et complexe, y ont une puissance et une vitalité qui laissent bien loin derrière elles les modestes groupements dont leur nature permet de les rapprocher.

Ce fait n'est pas pour nous surprendre. Si paradoxal qu'il paraisse, l'esprit d'association développe plutôt le particularisme que le caractère social chez l'individu. Le Chinois vit en homme de groupe et non en individualiste; mais son groupe est un groupe fermé, la famille, le clan, la commune. La vie dans ces groupements lui permet d'échapper aux dangers de l'individualisme, mais elle borne son horizon aux groupes dans lesquels son existence évolue et limite sa notion d'intérêt collectif. Ces groupes ont leurs traditions, plus fortes parfois que les lois.

Aussi, quand le Chinois vient à quitter sa province, il se trouve dépaysé. Dans la région où il s'installe, il rencontre un particularisme local, développé à la faveur des groupements analogues aux siens. Et ce particularisme est plus accentué en Chine que partout ailleurs, à cause de l'immensité de l'Etat et du nombre considérable d'habitants. Le Chinois du Nord est plus dépaysé dans les provinces du Sud que le Lillois qui se fixe à Marseille. Il trouve un dialecte différent, parfois une race différente; un culte, des fêtes, des usages qu'il ignore.

Enfin le pouvoir central est faible; il ne contribue pas, par une action uniformisatrice, à atténuer les particularismes provinciaux, mais plutôt à les perpétuer. Le gouvernement n'intervient que dans le domaine politique et il laisse les individus se défendre eux-mêmes sur le terrain économique et commercial.

Ainsi le Chinois qui s'installe hors de son district a l'impression d'être en pays étranger. Le milieu lui est hostile, car il méprise et craint à la fois ce qu'il ne connaît pas.

Le remède à cette hostilité, à la malveillance, née du particularisme issu de l'esprit d'association, c'est précisément à l'association qu'il va le demander. De là la tendance des Chinois originaires d'une même ville ou d'une même province, qui se rencontrent dans une autre ville ou dans une autre province, à se lier et à se grouper dans des associations auxquelles on donne le nom générique d'associations provinciales ou de guildes. (1)

Le même esprit d'association conduit les Chinois, lorsqu'ils émigrent à l'étranger, à fonder des groupements analogues: fraternités, congrégations, etc... On en rencontre en Australie, en Indo-Chine, aux Etats-Unis, en France, partout où se trouvent des colonies suffisamment importantes.

Comme les associations provinciales de l'Occident, ces associations portent le nom de la région ou d'une particularité régionale. Par exemple, on trouve la guilde du Chan-si et celle du Chen-si; la guilde des gens du Chantong ou Tsi Lou song-ko évoque les anciens royaumes de Tsi et de Lou; la guilde des originaires de Kouang-Tong s'appelle Ling-nan-houei-kouan, du nom des montagnes deLing-nan. La guilde

(1) L'étymologie du mot guilde est incertaine. Les auteurs le font dériver soit du mot allemand *gelten*, valoir, soit de l'anglo-saxon *gylta*. en haut allemand *gelt* ou *kelt*, dette, sacrifice. Dans le premier système, la racine *gelt* ou *geld* devrait être prise ici dans le sens de payer, contribuer, et la guilde signifierait une association de personnes qui versent des cotisations pour un objet commun. La seconde opinion, rattachant le mot guilde à l'autre sens du radical *geld*. faire des sacrifices, adorer, tend à rapporter ce nom au but religieux en vue duquel ces associations se seraient constituées. En anglo-saxon plus moderne, le mot *gegylta* signifie une société religieuse.

En tout cas, le mot guilde dérive certainement d'une racine teutonique, dont il existe des formes variées : *gild* ou *gield* en teutonique; *geld* en vieux frison; *gield* en vieil anglais, qui signifie à l'origine : paiement, offrande, culte, idole ; *geldonia*, *gildonia*, dans le latin carolingien ; *gilda* dans la dernière forme du latin du Moyen-Age.

En vieux français, on trouve les formes : *gilde*, *ghelde*, *gheude*, *jode*. parfois dans le sens de bande de soldats. (Cf. MURRAY, *A New English Dictionary on Historical principles*.)

de Nankin se dénomme Tchong-chan yi sieou, « Les talents transplantés de la Montagne Tchong. » (1) Une association de Chinois en France portait le nom poétique de l'Orchidée d'Or.

***

La caractéristique des associations provinciales est de grouper les originaires d'une ville ou d'un district, sans distinction de classe ni de profession. Ce caractère les sépare des guildes professionnelles proprement dites (de commerçants, d'artisans, de banquiers), qui sont constituées entre personnes appartenant à une même profession, exerçant notamment le même commerce. Ces guildes à caractère commercial feront l'objet d'une étude distincte de celle des associations provinciales. Mais il faut reconnaître que, dans la pratique, la séparation n'est pas aussi tranchée. Certaines associations provinciales, et non des moindres, groupent des personnes exerçant la même profession et leur action dépasse l'action des groupements d'originaires proprement dits.

La difficulté de la distinction tient, d'une part, à ce que la plupart des gens qui viennent résider dans un district autre que leur district d'origine sont des marchands, des commerçants. C'est pour eux que l'association présente le maximum d'intérêt. On a ainsi des guildes de marchands compatriotes; par exemple, à Changhaï, une guilde de gens de Hou-pei et du Hou-

(1) Cf. A. Hauchecorne. *Le Commerce chinois et son organisation.* Bulletin de l'Association amicale franco-chinoise, janv. 1909, p. 178.

nan, une guilde des originaires de Ning-Po et de Nankin.

D'autre part, le commerce est parfois spécialisé dans une ville d'origine, de sorte que les originaires se confondent avec les représentants de telle branche commerciale. Et la guilde tend souvent à accaparer une branche entière. Par exemple, à Pékin, la plupart des marchands de thé sont du An hoei, tous les porteurs d'eau viennent du Chan-Tong ; la plupart des banquiers sont originaires du Chan-Si. A Tche-Fou, les originaires de Swatow, fortement unis, détiennent le trafic du sucre, de l'opium et des gâteaux de fèves. (1)

Deux traits caractéristiques permettent cependant de distinguer les guildes provinciales des guildes professionnelles.

D'une part, la guilde professionnelle est spécialisée. Elle ne groupe que des commerçants ou des artisans ; et seuls les membres d'une profession unique (marchands de thé, droguistes, coiffeurs...) peuvent en faire partie. La guilde provinciale réunit ses adhérents sans distinction de profession ; elle se compose de marchands ou d'artisans représentant les commerces ou les industries les plus divers. Son recrutement n'est même pas exclusivement limité au monde des affaires. On y rencontre de petits artisans, des ouvriers spécialisés, des manœuvres qui se livrent d'une région à l'autre de la Chine à l'émigration saisonnière, qui vont, par exemple, du Chantong au Nord de la Chine travailler pendant l'été et retournent

(1) Hauchecorne, *loc. cit.*, p. 178.

dans leur province d'origine pendant le chômage d'hiver. Elle accueille enfin les fonctionnaires, les mandarins de tous rangs. Les fonctionnaires ne peuvent, en effet, jamais exercer dans leur province d'origine. Les mandarins, grâce à leur culture, à l'amour du sol natal, dont ils sont obligatoirement séparés, sont souvent le trait d'union entre compatriotes et contribuent à la formation des guildes et à leur direction.

C'est, en effet, le second trait caractéristique des guildes provinciales. Non spécialisées par profession, elles sont spécialisées par l'origine. Elles réunissent des individus exerçant les métiers les plus divers, mais reliés par une commune origine, appartenant à telle province, tel district ou telle ville. Il peut en exister dans une province ou dans une même ville autant que d'originaires de villes différentes, et elles ne comprennent pas, parmi leurs membres, des gens originaires de la ville ou du district où elles fonctionnent. La guilde professionnelle groupe, au contraire, tous les marchands de telle catégorie exerçant dans la ville, qu'ils en soient ou non originaires.

La communauté d'origine est donc le lien qui unit les membres de la guilde provinciale. Il est d'autant plus fort que, sous le régime impérial, le particularisme provincial, comme la diversité de traditions, de langues, de cultes, des différentes parties d'un immense empire faisait de chaque province, non pas une simple circonscription administrative, mais un véritable royaume, mieux encore, une unité ethnique, linguistique, religieuse, autant que politique.

***

Ce particularisme explique l'origine ancienne des guildes provinciales et leur physionomie particulière d'organes de défense et au besoin d'attaque contre les habitants de la région où résident leurs membres, et contre les autorités locales.

Les préambules des règlements de certaines guildes provinciales font remonter leur fondation au règne légendaire de l'empereur Shun (2256-2208 av. J. C.). Sans attacher plus d'importance qu'il ne convient à une affirmation gratuite, fondée sur le désir naturel de s'attribuer de nobles origines, il est probable qu'elles existaient déjà sous la dynastie Tang (618-909 apr. J. C.) et l'on a relevé la trace d'une association d'originaires du Kiang-sou à Pékin en 1368, sous la dynastie des Mings. (1)

En tout cas, elles semblent de création plus ancienne que les guildes commerciales, si l'on en croit les préambules des règlements, qui, précisant le rôle joué par les mandarins dans leur fondation, semblent établir l'ordre chronologique de leur formation :

« Des guildes furent d'abord établies dans les villes par des mandarins parmi les originaires de mêmes provinces pour s'aider mutuellement et se protéger. Ensuite, des marchands formèrent des guildes comme celles des mandarins et maintenant il en existe dans toutes les provinces. » (2)

Les associations provinciales sont très nombreuses

(1) H.-B. MORSE, *The Gilds of China*, p. 36.

(2) Règlement de la guilde des originaires de Ningpo à Wentcheou.

en Chine. Les provinces, un grand nombre de villes ont leurs associations d'originaires. On en compte, en effet, plus de cent cinquante à Pékin et il n'est pas de ville commerçante, même peu importante, qui ne renferme quelques associations de ce genre. (1)

La physionomie des associations provinciales est très complexe, comme leur but et, pour connaître leur raison d'être et leurs fonctions, il est intéressant d'analyser les statuts des principaux de ces groupements et les préambules où les fondateurs des guildes ont l'habitude de décrire les circonstances qui les ont fait naître.

Elles sont issues du sentiment de l'isolement des originaires d'une ville ou d'une province transplantés dans un autre district et du désir de lutter contre la malveillance qu'ils y rencontrent. « Pendant un siècle, déclare le règlement de la guilde des originaires de Ningpo à Wentcheou, aucune province ne s'est trouvée sans originaires de Ningpo..... Ningpo est une région maritime... Ici, à Wentcheou, nous nous trouvons isolés... Nous excitons l'envie des habitants de Wentcheou, nous supportons des insultes et nous n'avons aucun moyen de nous défendre. »

Dans les guildes provinciales composées surtout de marchands éclate la volonté de faire régner dans les affaires la loyauté commerciale et de lutter contre la mauvaise foi: « ... tandis que nous apprendrons ainsi à ceux qui ne font pas partie de notre guilde que, étant unanimes dans notre détermination de

(1) MAURICE COURANT, *Les Associations en Chine*, Annales des Sciences Politiques, janvier 1899, p. 78.

nous opposer au mal, les marchands peu scrupuleux et les gens de mauvaise foi chercheront à nous éviter. » (Règlement de la guilde des originaires de Pakhoi à Canton).

***

En théorie, la guilde est un groupement purement volontaire; nul n'est tenu d'y adhérer. Cependant, par la force des choses, les individus qui se trouvent dans une ville éloignée de leur petite patrie d'origine tendent à se rapprocher de leurs compatriotes et à chercher dans la guilde un remède aux dangers matériels et moraux de l'isolement. L'isolé « ressemble à l'homme exposé au froid de l'hiver sans manteau » et l'instinct associatif est assez puissant chez le Chinois pour déterminer son adhésion à un groupement d'origine. Cette adhésion est absolument indispensable aux commerçants, car ils doivent faire partie de la guilde, s'ils veulent faire des affaires dans la province; sinon, ils se heurteraient à la fois à l'hostilité des marchands de la province et à la concurrence de leurs compatriotes puissamment unis.

L'admission dans la guilde ne résulte pas de plein droit de la qualité d'originaire de telle région. Il faut être élu par la guilde; mais tous les individus réputés originaires de la même province sont éligibles. Lorsque le caractère commercial de la guilde provinciale est plus accentué, elle prend parfois la physionomie d'une représentation des entreprises: chaque maison de commerce n'est alors représentée que par un membre, l'associé le plus âgé.

Les guildes provinciales, constituées pour défendre les compatriotes contre l'hostilité des habitants d'une région, présentent le caractère d'organes de lutte, appelés à la défensive et même à l'offensive. La guilde provinciale est, peut-on dire, « un camp dans un territoire ennemi ». Ce but influe sur son administration, qui est moins démocratique que celle des guildes professionnelles, que nous étudierons dans le chapitre suivant. Elle a à sa tête un directeur général, élu généralement pour un an, mais la plupart du temps réélu, ce qui lui confère une autorité considérable; il est d'ailleurs toujours choisi parmi les notables ayant une connaissance approfondie des affaires; la compétence accroît ainsi son autorité. Le directeur général est assisté d'un directeur adjoint. La guilde leur alloue un traitement qui varie, selon l'importance de leur activité, de 6 à 1.000 dollars par an.

A côté de ces agents d'exécution se trouve un comité consultatif, composé d'un nombre variable de membres, généralement de 8 à 12, élus parmi les chefs des principales maisons et non rémunérés.

Malgré le principe électif, l'habitude de prendre les directeurs et les membres du comité consultatif parmi les notables fait d'eux un véritable gouvernement aristocratique.

Un secrétaire permanent, dont le rôle est pratiquement plus important que celui du directeur, assure la continuité d'action de la guilde. C'est un agent appointé. On a soin de le choisir parmi les lettrés, pour lui donner accès auprès des autorités. La qualité de lettré, qui est la porte d'entrée de toutes les fonctions publiques, permet à celui qui en est revêtu de correspondre dans les termes consacrés avec les fonctionnaires administratifs. Le secrétaire permanent est l'intermédiaire indispensable entre les autorités et la guilde. C'est lui qui plaide devant les mandarins les intérêts des membres de la guilde; il s'efforce de réserver à l'arbitrage de celle-ci le plus grand nombre de différends, au besoin après entente avec le chef du district; il fait auprès de ce magistrat les démarches en faveur des adhérents à la guilde. En revanche, il prête au besoin le concours de l'association aux autorités locales, soit pour l'exécution d'une corvée, soit pour des souscriptions extraordinaires à recueillir.

L'action du secrétaire permanent est fortifiée par celle des mandarins membres de la guilde. Leur titre de lettré et la fonction publique dont ils sont investis leur donne le droit d'intervenir auprès des autorités locales sur un pied d'égalité en faveur de leurs compatriotes. C'est grâce à leurs mandarins que les guildes provinciales ont pu, tout en respectant l'étiquette administrative, porter leurs doléances devant les autorités supérieures et parfois même jusqu'à la Cour impériale de Pékin.

L'action des guildes provinciales est, comme leurs buts, extrêmement variée et complexe. Constituées entre gens de même province, elles se proposent de les aider en toutes circonstances. Cette aide mutuelle peut affecter les formes les plus diverses.

Les guildes sont d'abord et avant tout des groupements religieux. Le culte, qui est à la base de la famille chinoise, est aussi le fondement, le principe essentiel d'union des associations. Chaque province a son culte, ses rites, ses traditions religieuses. Dans les districts où ils résident, les compatriotes se retrouvent au siège de leur association pour célébrer leur culte local traditionnel. Les cérémonies religieuses sont intimement mêlées à toute la vie des guildes. Toute association se place sous la protection d'un patron qui la protège, divinité, héros légendaire ou historique, admis après sa mort aux honneurs du temple. Les guildes du Ngan-Houei invoquent le philosophe Tchou-Hi, né dans cette province. De nombreuses guildes choisissent comme patron Kouan-ti, vieux type chevaleresque de l'histoire de la Chine, qui donne à ses adorateurs courage et loyauté.

Ces cultes populaires ont une importance sociale considérable : « Ils renforcent la solidarité entre confrères en faisant dépendre tout le groupe, uni dans un même culte, de la même protection surnaturelle. Ils donnent aussi un caractère plus respectable au siège de l'association, une solennité plus grande aux engagements qu'y prennent les sociétaires. » (1)

Une guilde riche a son temple à elle, bâti grâce aux souscriptions de ses membres et qui lui sert de lieu de réunion pour ses assemblées profanes, pour ses banquets, ses représentations théâtrales, comme pour les cérémonies religieuses. Quand la guilde est trop pauvre pour avoir son temple, ses membres se réu-

(1) A. HAUCHECORNE, *op. cit.*, p. 182.

nissent au temple de la ville, y font leurs dévotions et y tiennent leurs réunions. Ce mélange de cérémonies religieuses, de fêtes et d'affaires est caractéristique de la mentalité chinoise. « Nous nous sommes réunis, constate une guilde de Wentcheou, dans le temple de la ville et, pendant la représentation théâtrale et les fêtes, nous nous sommes mis d'accord sur nos salaires et nos prix de vente. » Ces représentations théâtrales jouent un rôle capital dans la vie sociale du peuple chinois. Elles sont l'accessoire obligé des fêtes en l'honneur d'une divinité ou d'un personnage et elles constituent même un procédé de publicité, de lancement d'une foire, par exemple. (1)

Comme dans toute association chinoise, le culte des morts, qui prolongent dans le passé le groupement, de même que la famille, fait l'objet d'une des principales préoccupations de la guilde. Chaque guilde a son cimetière particulier, où les membres décédés reposent au milieu de leurs compatriotes, ce qui donne à leur famille l'illusion qu'ils sont enterrés dans leur terre natale, car c'est le rêve le plus cher de tout Chinois de reposer dans la demeure ancestrale. Toute guilde a un dépôt mortuaire, où les cercueils de ses membres attendent, parfois pendant dix ans et plus, que les circonstances permettent à la famille ou à un compatriote fortuné de les ramener dans la terre natale.

La guilde provinciale n'est pas seulement une association cultuelle et funéraire. Elle réunit ses membres

(1) Cf. A. Hauchecorne, *op. cit.*, p. 181, note 1.

aux jours de fête, en des banquets où ils trouvent leurs mets nationaux, en des spectacles qui leur rappellent leurs amusements locaux. « Pékin a des troupes de diverses provinces, qui jouent en dialectes provinciaux des pièces provinciales pour des publics de provinciaux. » (1)

A côté de cette action religieuse et morale, les guildes procurent à leurs membres des avantages matériels. Ce sont des associations d'assistance mutuelle et, par ce caractère, elles ressemblent aux associations provinciales françaises. Les patrons qui en font partie procurent du travail aux membres ouvriers ou employés. Les mandarins, les adhérents puissants usent de leur influence pour recommander leurs compatriotes, faire triompher leur cause ou leur porter secours en cas de misère. Par exemple, la guilde rapatrie ses membres indigents ou prend à sa charge leur enterrement.

Les marchands forment souvent l'élément le plus important des guildes, car la majorité de ceux qui résident dans une province autre que leur province d'origine y sont venus pour faire le commerce. Les guildes provinciales sont ainsi amenées à régler les opérations de leurs membres. Elles s'efforcent d'introduire la bonne foi et l'uniformité des conditions dans les affaires commerciales. « Nous avons appris, déclare dans son règlement une guilde d'originaires de Ningpo, que, dans les transactions commerciales, les principes de gain sont uniformes et constants et comprennent entre autres le transport des places où

(1) M. Courant, *op. cit.*, p. 79.

les produits sont en abondance aux endroits où ils sont rares. » Le règlement de la guilde des originaires du Chantong à Ningpo est encore plus précis. Il fixe les conditions de crédit et de vente de la manière suivante :

« Toutes les opérations doivent être traitées en dollars (éliminant ainsi la question du change entre le tael du Chantong — monnaie du pays d'origine des membres — et le tael de Ningpo — monnaie de la ville où ils résident).

Le délai de paiement est de quarante jours à partir de la date de la facture, pour les opérations sur les grains, de cinquante jours, pour les opérations sur l'huile. Toute infraction à cette règle, de la part de l'acheteur ou du vendeur, est punie d'une amende qui consiste en une représentation théâtrale et un banquet.

L'emmagasinage est gratuit pendant soixante-dix jours.

Le déchargement des bateaux doit être effectué dans les dix jours.

Les risques d'incendie sont à la charge du vendeur pendant les cinq jours qui suivent la vente.

Les comptes doivent être arrêtés le dernier jour de l'année. Les marchandises achetées pendant le dixième mois doivent être payées le vingt-cinquième jour du douzième mois ; les marchandises vendues dans le onzième mois seront payées le quinzième jour du deuxième mois de l'année suivante. (1)

Ces règlements établissent ainsi de véritables

(1) Cité par H.-B. MORSE, *op. cit.*, p. 43.

usages commerciaux, une coutume qui supplée à la carence des pouvoirs publics en matière économique. Les affaires ne peuvent que gagner à la formation d'une sorte de droit commun, qui ne laisse pas les membres de la guilde à la merci des coutumes locales ou de la pression que pourrait exercer, dans la conclusion d'un contrat, un commerçant local, sur l'individu isolé originaire d'une autre province.

Dans un pays où le pouvoir central est faible, où l'administration n'est pas sans défaillance ni partialité, la justice locale est volontiers suspecte d'hostilité envers ceux qui viennent d'une autre province. Aussi la protection de la guilde revêt-elle à peu près constamment, parmi ses multiples aspects, la forme de l'arbitrage.

La faiblesse, l'incompétence ou la suspicion de partialité des tribunaux officiels déterminent fréquemment, au cours de l'histoire, des réactions analogues qui aboutissent à l'arbitrage. En Occident, dans le désarroi, l'ignorance et la multiplicité des justices seigneuriales du Moyen-Age, les guildes marchandes et artisanales imposent à leurs membres l'arbitrage du groupe pour leurs conflits, et cette habitude donnera naissance à la juridiction consulaire.

Dans l'Empire romain, sous les empereurs persécuteurs de l'Eglise chrétienne, la justice officielle est toujours suspecte de partialité contre les membres d'une religion qui renie les dieux de l'Etat. Les évêques s'appuient sur l'autorité de Saint Paul pour recommander aux fidèles de soumettre leurs différends à leur arbitrage. Cette habitude s'élargit. Les clercs, les laïcs confient à l'évêque le soin de trancher leurs affaires même temporelles. En prêtant à l'exécution des décisions épiscopales l'appui de la force publique, Constantin consacre la juridiction de l'Eglise. Longtemps encore volontaire entre laïcs, c'est-à-dire d'essence arbitrale, elle deviendra la justice temporelle ecclésiastique, qui a joué un rôle si considérable au Moyen-Age et jusqu'à la monarchie absolue.

De même, les guildes chinoises provinciales, organes de protection dans un milieu réputé hostile, entendent veiller jalousement à ce que leurs membres reçoivent justice et, redoutant la partialité des tribunaux locaux en faveur des autochtones, elles s'efforcent de se réserver la solution des affaires concernant les membres du groupe.

C'est une obligation pour ceux-ci de porter leurs difficultés devant la guilde. Voici comment s'exprime non sans détours, à cet égard, le règlement de la guilde des originaires de Houpeh et du Hounan à Wentcheou: « La guilde est établie pour encourager les relations fraternelles entre nos compatriotes et non pas pour juger les disputes qui viendraient à naître. Mais cependant, si des difficultés s'élèvent entre les membres, l'affaire doit être portée devant la guilde et le président doit prendre une décision après un attentif examen. Un membre qui, sans autorisation, porterait son affaire devant le tribunal sera mis à l'amende. »

Le règlement de la guilde des originaires de Canton à Wentcheou précise les conditions d'intervention du groupement. « Dans le cas où une affaire s'élève entre deux membres, le plaignant doit d'abord verser 200 sapèques à la guilde pour couvrir les frais de réunion. Le président, sur l'avis du comité consultatif, prend immédiatement une décision. Si cette décision n'est pas acceptée, il autorise un appel devant la Cour. »

La décision de la guilde ne s'impose donc pas aux parties. L'arbitrage est obligatoire en ce sens que les membres de la guilde sont tenus de porter leur différend devant elle ; mais la sentence rendue par l'arbitre n'est pas obligatoire.

La clause d'arbitrage n'a donc pas abouti au profit des guildes chinoises à la consécration de leur pouvoir officiel de juridiction. C'est une différence importante avec la juridiction consulaire et la juridiction d'Eglise.

L'intervention de la guilde dans les conflits entre ses membres rentre dans sa mission d'assistance mutuelle. Sous la forme de l'arbitrage, c'est aussi un aspect de l'attitude de défense contre l'hostilité ou la partialité présumée de la localité que l'on rencontre. Cette mission comporte aussi une forme plus intéressante : la guilde peut être appelée à intervenir directement contre un habitant ou contre l'autorité locale.

En cas de conflit entre un membre et un habitant, le Chinois préfère en général recourir à l'arbitrage. Si l'affaire ne peut être arrangée à l'amiable, la procédure ordinaire doit être mise en mouvement devant les tribunaux. La guilde use alors de toute son influence pour soutenir la cause de son membre, si elle lui paraît juste. Elle l'aide même de ses deniers. Un article du règlement de la guilde des originaires de Canton à Pakhoi stipule: « Si un membre est obligé d'avoir recours aux tribunaux, la guilde prend à sa charge les trois dixièmes des frais, lorsque l'affaire a été approuvée à l'unanimité, dans une réunion convoquée à cet effet. »

Cette intervention de la guilde auprès des tribunaux assure la protection des intérêts communs représentés par l'association. Dans son but, sinon dans sa forme juridique, elle peut être rapprochée de l'intervention des syndicats professionnels en justice. La loi française du 12 mars 1920, modifiant l'article 5 de la loi du 21 mars 1884, a habilité ceux-ci « devant toutes les juridictions » à « exercer tous les droits réservés à la partie civile relativement aux faits portant un préjudice direct ou indirect à l'intérêt collectif de la profession qu'ils représentent. »

L'intervention de la guilde devant les tribunaux se manifeste sous une forme différente. Au lieu d'une action en justice exercée au nom de l'intérêt collectif du groupe, sorte d'action publique ou populaire, elle prend la forme moins juridique d'une démarche du secrétaire lettré ou d'un mandarin membre de la guilde. L'intervention de la guilde rappelle plutôt les démarches faites par les syndicats auprès des pouvoirs publics (commissions parlementaires, à l'occasion d'un projet de loi, ministres, préfets, conseils municipaux, etc.). L'autorité judiciaire en Chine est, d'ailleurs, aux mêmes mains que l'autorité administrative. Le chef d'un district est à la fois préfet et juge. L'intervention d'une guilde auprès du tribunal, sous une autre forme qu'une véritable action en justice, n'est pas taxée d'acte de pression sur le juge, comme pourrait l'être, en France, une démarche de ce genre.

L'aspect dépourvu de tout caractère d'acte judiciaire et juridique qu'affecte l'action des guildes ne limite pas leur intervention « aux faits portant un préjudice direct ou indirect à l'intérêt collectif... » Un syndicat professionnel serait irrecevable à intervenir dans un procès dans le simple intérêt individuel d'un de ses membres. La guilde peut s'adresser au juge pour protéger aussi bien l'intérêt personnel d'un de ses membres que l'intérêt commun du groupe.

La puissance des guildes leur permet d'exercer une action efficace sur les habitants de la province et même sur les autorités. Leurs ressources sont extrêmement variables et en fonction du nombre de leurs adhérents.

Ceux-ci sont assujettis au paiement d'une cotisation, qui varie avec la profession. Aux commerçants, la guilde demande, en général, un pourcentage sur leur chiffre d'affaires et, détail intéressant à noter, pour en assurer l'assiette, elle se réserve un droit de contrôle sur la comptabilité, qui paraît accepté sans difficulté par les assujettis. C'est là une preuve de l'esprit de discipline qui règne dans les associations chinoises.

Voici, à titre d'exemple, le tarif des cotisations arrêté par le règlement de la guilde des originaires de Hanyang à Itchang :

1° Chaque entreprise paie à la guilde 0,3 0/0 de son chiffre d'affaire. La guilde a le droit d'examiner la comptabilité de toutes les firmes membres de la guilde.

2° Les firmes fondatrices de la guilde paient 1,6 0/0 de leur capital, moyennant quoi elles sont exemptées de tout autre versement.

3° Les ouvriers paient 30 sapèques (1) par mois.

4° Les employés paient 2 0/0 par an sur leurs salaires.

5° Les membres possédant des bateaux paient 300 sapèques pour chaque voyage de petits bateaux et proportionnellement pour les bateaux d'un tonnage plus important.

6° Les employés s'installant pour leur propre compte paient, pour avoir droit à une enseigne, 2.000 sapèques en addition aux droits ordinaires.

7° Les ouvriers nouveaux membres paient 1.000 sapèques de droit d'entrée.

8° Les marchands s'installant pour la première fois paient 2.000 sapèques pour leur enseigne et 1.000 sapèques de droit d'entrée.

9° Les maisons ouvrant des succursales paient des droits additionnels.

(1) 1.000 *sapèques*, théoriquement, valent un tael, soit environ 0 fr. 0035 pour une sapèque (valeur d'ailleurs variable suivant les provinces).

10° Les compatriotes de passage paient 3 0/0 sur leurs affaires.

11° Les membres qui s'associent avec des étrangers paient proportionnellement à leur part dans l'association.

12° Tout membre annonçant l'arrivée d'un compatriote reçoit une commission d'un dixième sur la première cotisation. (1)

Certaines guildes imposent aux fonctionnaires compatriotes qui viennent occuper un poste dans la province une contribution variable suivant la fonction qu'ils exercent. Par exemple, la guilde du Hupeh a établi le tarif suivant :

Vice-roi : 600 taels. (2)

Trésorier : 400 taels.

Juge : 300 taels.

Préfet : 200 taels.

Certaines guildes prennent de sévères dispositions pour assurer le contrôle de la perception de leurs taxes ; citons entre autres les articles du règlement de la guilde de Swatow à Chefou :

ARTICLE PREMIER. — Un registre sera tenu des arrivées et départs de tous navires affrétés par les hongs de Swatow. Le hong intéressé devra envoyer à la guilde une liste du chargement transporté, dressée dans la même forme que le manifeste pour la douane,

(1) Cité par H.-B. MORSE, *op. cit.* p. 41-42.

(2) Le *tael* vaut au pair environ 3 fr. 50 (valeur variable suivant les provinces).

de façon à permettre de fixer la taxe. Le président comparera ladite déclaration avec le manifeste de la douane et toute restriction ou omission sera punie d'une amende égale à dix fois le montant de la valeur que l'on aura cherché à dissimuler.

ARTICLE 2. — La taxe sera due, que les marchandises soient ou non vendues et la somme due sur le chargement d'un navire devra être perçue par l'affréteur.

ARTICLE 3. — La taxe sur l'opium étranger devra être perçue trois fois par mois, que l'opium soit ou non vendu.

ARTICLE 4. — La taxe sur les importations sera de trois sapèques par tael, selon une valeur fixée au minimum.

L'article 5 fixe le tarif des taxes sur les fèves en galette.

ARTICLE 6. — Les marchandises importées qui auront payé la taxe de la guilde en recevront remboursement, si elles sont réexportées. (1)

Les ressources financières de certaines guildes sont considérables et atteindraient, pour quelques-unes d'entre elles, un revenu annuel d'un demi-million de piastres. Il en est qui suffisent à leurs dépenses, sans percevoir de contributions sur leurs membres, avec le revenu de leurs propriétés. La guilde du Tche-Kiang et celle du Koang-Tong sont

(1) Cité par H. Fromageot, *Mémoire sur l'organisation et le rôle des associations ouvrières et marchandes en Chine.*

installées à Pékin dans de superbes hôtels aux vastes dimensions, richement décorés, avec temple, scène de théâtre, salles de réception, chambres pour les hôtes de passage, mandarins, marchands ou étudiants.

A cette puissance financière, les grandes guildes allient la puissance commerciale. Nous avons vu les marchands de telle province s'emparer progressivement d'une branche de tel ou tel commerce. Grâce à leur cohésion, à la solidarité et à la discipline qui unissent leurs membres les guildes deviennent une arme commerciale, et, par des moyens que nous étudierons plus en détail avec les guildes professionnelles, elles évincent les concurrents et tendent à exercer un véritable monopole.

Cette puissance facilite les relations entre les guildes provinciales et les autorités, car elle leur permet d'être écoutées et de traiter sur un pied d'égalité. Grâce à leur secrétaire permanent lettré, grâce aux mandarins qui sont à leur tête, elles entrent en contact avec les fonctionnaires locaux. Ceux-ci reconnaissent aux guildes un caractère semi-officiel ; elles leur communiquent parfois leurs règlements pour leur donner plus d'autorité. Les mandarins locaux collaborent volontiers avec les guildes ou les consultent.

La puissance des guildes, la solidarité de leurs membres a parfois assuré leur triomphe dans des conflits avec les autorités locales et même avec les autorités françaises. Nous ne retiendrons que deux affaires retentissantes, auxquelles ont été mêlées des guildes provinciales.

En 1810, il y eut disette de riz dans les provinces voisine de Wentcheou, tandis que la récolte était abondante dans le sud du Tchekiang. Les commerçants originaires de Ningpo établis à Wentcheou, se fondant sur un édit impérial qui autorisait l'expédition du riz d'un point à un autre, à l'intérieur de l'Empire, affrétèrent des navires en vue d'exporter du riz. Ils se heurtèrent aux autorités locales qui, craignant que l'exportation n'entraînât une hausse des prix, prétendirent que, dans les circonstances du moment, l'édit impérial n'était pas applicable et firent saisir les navires et arrêter les marchands. La guilde des originaires de Ningpo porta l'affaire devant l'autorité supérieure, à Hangcheou, puis devant le gouvernement impérial à Pékin et, grâce à l'appui des compatriotes attachés à l'administration centrale, elle obtint gain de cause.

L'affaire de la Pagode de Ningpo est plus intéressante encore, parce que moins ancienne et parce que le conflit, avec les autorités françaises cette fois, ne revêtait aucun caractère commercial et était surtout moral. La maison de réunion de la guilde des originaires de Ningpo, la plus importante de Changhaï, était située dans les limites de la concession française. Les concessions étrangères à Changhaï sont des territoires réservés aux étrangers pour leur résidence et leur commerce. Ils ont le droit d'y acquérir des terrains des propriétaires chinois et ils y exercent seuls, à l'exclusion des autorités chinoises, le pouvoir municipal.

Au printemps de l'année 1874, la municipalité française de la concession sur le territoire de laquelle se trouvait la maison de réunion de la guilde de Ningpo décida de construire deux routes, dont le tracé empiétait sur le cimetière de la guilde. La décision était régulière en droit, la maison de la guilde étant soumise aux règles de police de la municipalité française. Mais elle heurtait le sentiment, si profond chez les Chinois, du respect dû aux morts. La guilde protesta énergiquement contre une mesure qu'elle considérait comme un affront et elle refusa d'accepter une décision qui aurait pour conséquence de bouleverser le sol où reposaient ses morts. Le conflits s'envenima rapidement et entraîna des émeutes. La paix se rétablit le 2 mai, sur la promesse du consul de France que le cimetière serait respecté.

En 1898, un conflit analogue éclata, à la suite de la décision de la municipalité d'exproprier les habitations appartenant à la guilde qui entouraient le cimetière. Les originaires de Ningpo se soulevèrent contre la destruction de leur cimetière. L'émeute dura quatre jours et la guilde des originaires de Ningpo décréta pour tous ses membres la cessation des affaires, ce qui arrêta complètement le commerce pendant plusieurs jours. La « grève des affaires » est un procédé volontiers employé, surtout par les guildes professionnelles, et contre lequel l'action de l'autorité est peu efficace. Nous le retrouverons en étudiant ces guildes.

Tout en réservant notre appréciation d'ensemble sur les guildes chinoises, nous pouvons, dès à présent, constater que les guildes provinciales atteignent parfaitement leur but et assurent une efficace protection aux individus originaires d'une même ville ou d'une même province et résidant dans une province éloignée. Grâce à la solidarité et à la discipline qu'elles savent maintenir entre leurs membres, ces associations purement privées ont pu, sans statut légal ni appui de l'autorité, acquérir une puissance sous le couvert de laquelle leurs adhérents exercent paisiblement leurs occupations, souvent commerciales, sans avoir à redouter la domination ni l'hostilité des autochtones ou des autorités locales.

Aussi n'est-il pas surprenant que, quittant leur province, non plus pour une autre province de l'Empire chinois, mais pour émigrer dans un pays étranger, les Chinois maintiennent cet esprit d'association si vivace et constituent entre eux des groupements de défense commune. Dans les Etats malais, en Australie, aux Etats-Unis, sur toutes les terres étrangères où ils vont se fixer, on rencontre des associations de Chinois. Sans entrer dans leur étude détaillée, qui dépasserait le cadre de notre travail, nous retiendrons seulement celles qui intéressent notre pays: la Société de l'Orchidée d'Or, et les Congrégations chinoises d'Indo-Chine.

Formée d'abord au moment de l'embarquement à Takou, la Société de l'Orchidée d'Or a fonctionné entre les coolies (manœuvres) chinois venus en France pendant la guerre. (1)

Cette association avait pris pour nom et pour symbole l'orchidée, en mémoire de la maxime attribuée à Confucius: « Les paroles de concorde ont le parfum de l'orchidée. »

Elle était organisée sur le modèle de la famille, considérée par ses fondateurs comme l'association idéale, et reposait sur le culte des ancêtres. Le préambule des statuts de cette association fait ressortir l'importance capitale de la famille au point de vue social, d'après la conception chinoise: « L'individu n'est rien sans la famille et la nation n'est qu'une agglomération de familles. » La famille s'étend aux ancêtres, grâce au dogme de l'immortalité de l'âme: « L'homme ne meurt pas. Son âme supérieure monte, son âme inférieure descend, son corps se résout en ses éléments constitutifs. On peut communiquer avec les âmes; c'est à quoi servent les rites. »

La Société de l'Orchidée d'Or avait pris pour protecteurs trois héros, auxquels se rattache la légende du Serment du Jardin des Pêchers. A la fin de la dynastie des Han, la faiblesse des empereurs avait suscité les plus grands désordres. Lieou-Pei, Kouan-Yu, Tchang-Fei résolurent d'unir leurs forces pour sauver le pays, pacifier le peuple et rétablir la justice. Ces trois héros légendaires sont devenus les protecteurs, les ancêtres et les modèles des sociétés de frères jurés.

(1) Voir l'intéressante étude du Ct FAVRE, *Sociétés de Frères Jurés en Chine*, Toung Pao, *mars* 1918, p. 1 à 40, à qui nous empruntons les détails suivants.

Le type de ces sociétés n'est d'ailleurs pas spécial à la Chine et il est curieux de constater au Moyen Age, en Danemark, l'existence de « fraternités jurées ». C'était le nom de la Ligue du Slesvig (Hezlagh) au XIIe siècle. Le fils du roi de Danemark ayant tué le protecteur de cette Ligue, le roi fut massacré, lorsqu'il vint visiter la ville malgré la défense des *congildi.* (1)

Dans les associations chinoises de frères jurés, dont l'Orchidée d'or est un exemple, les membres sont considérés comme unis entre eux par un lien de famille, comme par une sorte d'adoption et en outre par un serment: d'où le nom de frères jurés. Le plus âgé est le chef et les autres membres sont rangés, au point de vue de l'autorité, d'après leur âge. La société se constitue par la rédaction d'un véritable contrat, dont chacun des associés reçoit un exemplaire. Le passage suivant des statuts marque bien le but de l'association:

« Ceux qui veulent entrer dans notre famille doivent prêter le serment de l'Orchidée, faire la révérence et saluer. On établit la liste de ceux qui sont affiliés à la société; ainsi la reconnaissance pour la vertu des hommes sages passera à la postérité. La postérité ne saurait les oublier. Se vouer à la justice, c'est une tradition conservée par les sages et les saints. Oserons-nous nous comparer à eux? Dans le Jardin des Pêchers, des hommes étaient réunis. Ils n'étaient cependant ni saints, ni sages. Comme eux, nous pourrons pratiquer les mêmes relations.

(1) MARTIN SAINT-LÉON, *Histoire des Corporations de Métiers*, 3e édit., p. 45.

« Maintenant nous sommes plusieurs frères qui voulons sincèrement être frères aînés et cadets. Loyalement tournés vers le ciel, nous brûlerons les parfums, ferons les sacrifices aux ancêtres, prononcerons les serments des fils de l'Orchidée d'or. »

L'action de la société de l'Orchidée d'or est à la fois morale et matérielle. Elle prétend toujours agir au nom de la justice. Elle apporte à ses membres une aide mutuelle, sous la forme de secours de maladie, ou en leur procurant du travail, en cas de chômage. Les membres sont astreints à pratiquer les devoirs qui découlent de la fraternité et s'ils les enfreignent, ils sont exclus de l'association. Le coupable ne peut plus être admis dans aucune autre société. Il devient un véritable paria, et cet isolement est particulièrement sensible au Chinois, chez qui l'esprit d'association est si développé.

***

Les congrégations en Indo-Chine diffèrent à un double point de vue des associations provinciales chinoises. La congrégation est un régime administratif obligatoire, plutôt qu'un groupement exclusivement privé par son origine et son action; d'autre part, ce régime ne s'applique pas seulement aux Chinois, mais à tous les Asiatiques étrangers ou assimilés résidant en Indo-Chine.

L'étude de ces congrégations trouve cependant sa place à propos des associations provinciales chinoises. L'élément chinois est l'élément asiatique étranger dominant en Indo-Chine, tant par ses 300.000

représentants que par la place de premier rang qu'ils s'y sont faite dans le commerce, l'industrie et l'agriculture. Les congrégations chinoises sont donc de beaucoup les plus importantes.

D'autre part, si les congrégations forment un rouage de l'administration, elles ne sont certainement pas une création administrative artificielle et le gouvernement ne fait évidemment qu'utiliser des organismes d'initiative privée préexistants, c'est-à-dire de véritables associations provinciales. Ce qui le prouve, c'est que ces congrégations sont formées entre Chinois originaires d'une même province: en Annam ou au Cambodge, on trouve des congrégations d'originaires de Canton, du Foukien, de Sou-Tcheou, de Hainan. C'est seulement au Tonkin qu'il existe une seule congrégation par province, sans distinction d'origine.

La participation des congrégations à l'administration indo-chinoise affecte la forme d'une collaboration demandée à un organisme privé, plutôt que la forme d'action d'un véritable corps administratif. Cette conception rapproche bien les congrégations indo-chinoises des associations provinciales en Chine.

Le gouvernement reconnaît en somme l'influence de la congrégation sur ses membres et l'accepte, comme les autorités locales chinoises acceptent en fait le concours des guildes provinciales.

Le mécanisme administratif de la congrégation fait ressortir son caractère privé. Les congrégations sont dirigées par un chef et un sous-chef *élus* pour deux ans et rééligibles, qui reçoivent l'investiture du chef de l'administration locale.

Le chef de la congrégation sert d'intermédiaire pour recevoir toutes communications de l'administration à la collectivité. Il concourt avec le sous-chef et avec la force publique et les notables à la police sur les membres de la congrégation et il peut faire appel à la force publique.

Le chef est responsable des impôts dus par les ressortissants de la congrégation et il prend un engagement envers le Trésor au débarquement des immigrés. Sa responsabilité civile est partagée solidairement par tous les membres de la congrégation, pour les sommes dues à la colonie par l'un d'eux. Le chef doit en outre tenir un contrôle nominatif des ressortissants de la congrégation.

La congrégation jouit de la pleine liberté d'admettre dans son sein ou d'en expulser les membres qu'elle veut. Elle est responsable, si l'expulsion n'intervient qu'après la fuite du coupable. Un individu expulsé de la congrégation, ou qui refuse d'en faire partie, ne peut plus séjourner dans la colonie. Il est expulsé à ses frais, ou aux frais de la congrégation, s'il est insolvable.

Pour couvrir leurs frais généraux, les congrégations sont autorisées à percevoir des taxes, dont le tarif est fixé par l'administration.

Dans les grandes agglomérations minières ou agricoles du Tonkin et sur les chantiers de travaux, il peut être créé des congrégations chinoises sans distinction d'origine ou de provenance. Tous les coolies et ouvriers employés par l'entrepreneur doivent en faire partie. Les chefs d'exploitation tiennent un contrôle nominatif et sont responsables des contributions personnelles et des amendes dues par les membres de la congrégation. Ils assurent la police et, s'il y a lieu, les rapatriements. (1)

(1) Sur le fonctionnement des Congrégations en Indo-Chine, cf. BRENIER, *Essai d'Atlas statistique de l'Indo-Chine* 1914, p. 19, à qui nous empruntons les renseignements ci-dessus.

CHAPITRE III

LES ASSOCIATIONS PROFESSIONNELLES

Caractéristiques. — Origines. — Formation des guildes européennes. — Formation des guildes chinoises. — Caractère démocratique du recrutement et de l'administration. — Ressources ; Rôle ; Fonctions ; Attributions. — Sanctions en cas d'infraction aux règlements. — Lutte des guildes contre les autorités locales ; Grèves. — Les Marchands Hannistes à Canton. — Guildes de métiers. — Guildes d'ouvriers. — Guildes de banquiers. — Conclusion sur les guildes.

En étudiant les associations provinciales chinoises, nous avons marqué leur caractère commercial fréquemment accusé du fait que les négociants constituent la partie de la population la plus mobile, celle qui est le plus appelée par ses occupations à quitter sa province d'origine pour aller résider dans une province lointaine. Nous avons essayé de faire le départ entre les associations provinciales et les associations commerciales proprement dites.

Les associations professionnelles se caractérisent

par la spécialisation de leurs membres, généralement recrutés dans une profession déterminée et, d'autre part, par l'absence de condition d'origine, qui est de l'essence des associations provinciales. Elles réunissent tous les membres d'une profession, originaires ou non de la province de résidence.

Ces associations se constituent, soit entre marchands, soit entre artisans, soit, quelquefois, entre ouvriers.

Leur caractère spécialisé fait des associations professionnelles des groupements plus évolués, plus différenciés que les associations provinciales et leur origine est probablement plus récente. La nécessité de se grouper a dû se faire sentir d'abord entre les individus qu'unissaient les liens d'un idiome, d'un culte, de traditions communes, d'une commune petite patrie et que les nécessités de l'existence avaient contraints de s'expatrier. L'association était pour eux une nécessité contre l'isolement, une arme défensive contre l'hostilité des gens du pays d'adoption. Il fallut au contraire un effort pour pousser à se grouper des gens que séparait leur diversité d'origine et le mobile de l'intérêt dut suppléer au mobile sentimental.

Il est permis de penser que les guildes professionnelles se recrutèrent d'abord exclusivement parmi les membres d'une profession originaires de la ville où ils exerçaient; et puis plus tard, lorsque les guildes provinciales eurent affirmé leur puissance et donné droit de cité aux individus venus d'autres provinces, ces concurrents exotiques auraient été admis dans les guildes.

***

L'origine des guildes professionnelles est d'ailleurs difficile à préciser, bien que, par un sentiment de vanité naturel, celles-ci prétendent remonter au plus lointain passé. « Depuis les temps les plus reculés, lisons-nous dans le préambule du règlement de la guilde des droguistes à Wentcheou, jusqu'à présent, toutes les professions ont commencé leur organisation en établissant des règlements. » La guilde des banquiers de Ningpo prétend remonter à la dynastie des Cheou (1122 à 255 avant J. C.) (1)

En réalité, ces assertions sont impossibles à vérifier. On trouve à peine mention des guildes dans les vieilles chroniques et quelques inscriptions peu nombreuses sur des tablettes.

S'il est impossible de fixer avec certitude leur date d'apparition, on peut du moins affirmer que les guildes professionnelles sont très anciennes en Chine, car elles répondent à un état économique et politique qui a fait éclore en Occident au Moyen-Age les guildes et les corporations. Par beaucoup de leurs traits, les groupements professionnels chinois ressemblent à ces associations, et cette ressemblance justifie l'expression de guildes sous laquelle on les désigne fréquemment.

***

Les origines des guildes de l'Europe occidentale sont très discutées et l'étymologie même du mot est

(1) H.-B. Morse, *op. cit.*, page 10.

incertaine. Les uns attribuent l'origine des guildes aux *convivia* germaniques, d'autres aux *collegia* romains, d'autres encore à l'influence des idées chrétiennes de charité et de fraternité. Sans prendre parti parmi ces systèmes, qui ont peut-être chacun une part de vérité, il est permis d'affirmer que les guildes sont une institution d'origine germanique et anglo-saxonne, apparaissant sous trois types successifs : les guildes religieuses ou sociales ; les guildes de marchands ; les guildes d'artisans.

Dès le xe siècle, peut-être dès le ixe, on trouve en Angleterre des guildes sociales et religieuses. (1) Les membres se réunissent pour adorer Dieu et honorer leur patron ; ils prennent un repas auquel participent les pauvres. Ils s'engagent à s'assister mutuellement en cas de maladie, d'incendie, de voyage, à punir les insultes faites par l'un d'eux à un autre, à assister au service funèbre d'un confrère décédé. Les guildes danoises ont des statuts analogues. Les nouveaux membres paient un droit d'entrée. Le meurtre d'un confrère, les voies de fait sont sanctionnés par des amendes. Si un *congildus* a tué un étranger, on lui fournit une barque ou un cheval pour s'enfuir. Les membres doivent s'entr'aider, veiller les malades, assister aux obsèques des morts, soumettre à l'arbitrage leurs différends. En Allemagne, les guildes affectent souvent un caractère municipal ou celui d'une ligue de propriétaires. (2)

En France, des associations de protection mutuelle

(1) Cf. UNWIN, *Gilds and Companies of London*.
(2) MARTIN ST-LÉON, *op. cit.*, p. 37, 41, 45.

se formaient aussi entre les individus isolés, privés de la protection de la famille ou du groupe. La faiblesse de l'autorité centrale, sous les derniers Carolingiens, rendait indispensable l'auto-protection des individus contre les tiers, que l'absence de police et de justice transformait aisément en ennemis. Des Capitulaires de Charlemagne et d'Hincmar, évêque de Reims interdisent déjà les « geldonias vel confratrias ». (1)

Les guildes de marchands avaient surtout pour but d'assurer à leurs membres la protection de leurs personnes et de leurs biens. Certaines paraissent avoir eu pour objet la protection des résidents étrangers, par exemple la guilde de Cologne, dont la plupart des membres étaient d'origine étrangère à la ville. (2) C'est là une ressemblance frappante avec les guildes provinciales chinoises. Au milieu de l'anarchie féodale, à une époque où la notion de l'intérêt général s'était effacée, où la dispersion de la souveraineté aux mains d'une multitude de seigneurs diversifiait les usages, les monnaies, la justice, le droit, où les guerres privées et le brigandage ne trouvaient pas de frein dans une autorité supérieure et une police fortement organisée, le commerce manquait de la sécurité, de la stabilité, de l'uniformité qui sont les conditions indispensables de toutes transactions. Les marchands sentaient la nécessité de s'unir pour établir les usages commerciaux et assurer la loyauté du commerce.

Les guildes de marchands apparaissent en Angle-

(1) Martin Saint-Léon, p. 62.
(2) *op. cit.*, page 39, note 2.

terre et en France dans la seconde moitié du XIe siècle. Des guildes nombreuses éclosent au XIIe siècle, principalement dans les villes du Nord de la France. (1) Les marchands de la guilde de Rouen sont dispensés par Geoffroy Plantagenet de toute taxe pour leur trafic avec l'Angleterre; ils obtiennent la concession d'un port anglais et le monopole du commerce avec l'Irlande. (2)

Les guildes de plusieurs villes forment souvent entre elles des ligues commerciales, appelées hanses, telles que la Hanse de Londres entre les marchands flamands et ceux du Nord de la France, et la Hanse teutonique, qui groupait les villes commerçantes de l'Allemagne du Nord et de la Baltique.

A une époque où la religion était la seule conception universelle, le seul lien vraiment solide entre les individus, les membres de la guilde formaient aussi un groupement religieux. La guilde se plaçait sous le vocable d'un patron, d'un saint qui, d'après l'histoire ou la légende, avait exercé la profession ou qui passait pour particulièrement puissant. Elle avait ses fêtes religieuses, ses assemblées le jour de la fête du patron ou aux jours de grandes fêtes d'Eglise.

Le développement de ces guildes a coïncidé avec la formation des villes et le passage de l'économie fermée, presque familiale, au sein du groupe seigneurial, à l'économie urbaine. Les guildes de marchands ont d'ailleurs joué un rôle important dans la fondation des villes indépendantes et des communes. Si les

(1) Martin Saint-Léon, *op. cit.*, p. 72.
(2) *Op. cit.*, p. 74.

origines du mouvement communal demeurent incertaines, il est infiniment probable cependant que, sans en attribuer la naissance à une cause unique, systématique, une part prépondérante dans ce jeu complexe de causes revient aux associations de marchands. Soit par la contrainte, parfois armée, soit par des concessions plus ou moins bénévoles, souvent à prix d'argent, les marchands puissants par le commerce et l'influence ont arraché aux seigneurs appauvris par le luxe et les guerres privées, des parcelles de souveraineté. Les communes ont leur milice, leur police, parfois leur monnaie; elles élisent des magistrats, qui sont généralement choisis parmi les notables commerçants. Ces magistrats administrent la ville, en assurent l'ordre et l'entretien. constatent les usages commerciaux, exercent une juridiction sur les membres de la guilde et de la commune. Ils cumulent les attributions de nos municipalités et de nos juges consulaires.

Les guildes de marchands admirent d'abord dans leur sein les artisans; les deux qualités n'étaient pas toujours bien distinctes. Puis, lorsque le développement des échanges et l'élargissement des marchés commerciaux, grâce aux guildes marchandes et aux communes, eurent fixé l'économie commerciale au stade de l'économie urbaine, les guildes d'artisans, de métiers apparaissent. Elles s'organisent sur le modèle des guildes de commerçants; elles ont aussi un caractère religieux et se placent sous l'égide d'un patron, d'un saint. Elles réglementent l'exercice de la profession très minutieusement, visant notamment la limitation du nombre d'apprentis et la durée de l'apprentissage, la durée de la journée de travail, l'interdiction du travail des femmes, du travail de nuit et des jours fériés; elles contrôlent la qualité de la fabrication, arrêtent les poids et mesures étalons. Elles soumettent à leur arbitrage les différends entre leurs membres et prohibent les querelles. Elles sanctionnent les obligations de leurs membres par des peines religieuses ou des mesures disciplinaires, qui vont jusqu'à l'exclusion.

***

Il nous a paru intéressant de dresser ce tableau succinct de la naissance et du développement des guildes de marchands et d'artisans en Occident avant d'entreprendre l'étude des guildes chinoises. Par lui, nous allons voir comment des besoins analogues donnent naissance à des institutions similaires, dans des pays de civilisations différentes, à des époques aussi diverses et comment, d'autre part, la diversité des milieux et des civilisations peut marquer d'une empreinte différente des institutions nées d'un même besoin.

La Chine a connu, dans le domaine des guildes, une évolution analogue à celle qui a marqué la naissance des guildes en Occident. Des associations provinciales, groupant sous une protection commune des gens « déracinés », privés du soutien de la famille et du milieu d'origine, sont apparues les premières. Puis la spécialisation s'est faite et le besoin de sécurité, de stabilité, particulièrement impérieux dans les transactions commerciales, a groupé les intérêts communs des marchands dans les guildes professionnelles. Enfin, un peu plus tard, semble-t-il, comme en Occident, sont nées des guildes d'artisans.

Dans cette évolution dont les étapes accusent une similitude aussi frappante, les guildes chinoises se rapprochent encore des guildes de l'Occident par leur caractère religieux. Toute association chinoise, quel qu'en soit le but, a toujours pour base un principe religieux. Les guildes professionnelles, comme les guildes provinciales, sont appelées souvent « lieux de réunion » et ces lieux de réunion sont des temples, bâtis aux frais de la guilde ou, si elle n'est pas assez riche, les temples municipaux. Les membres nouveaux de la guilde des droguistes à Wentcheou paient un droit d'entrée au trésorier du temple de la médecine. Beaucoup de statuts comportent comme amendes l'achat de cierges pour le temple. Les guildes célèbrent dans leur temple leurs fêtes religieuses; elles y tiennent leurs assemblées, elles y donnent des représentations théâtrales, des banquets. Une des préoccupations des guildes est d'assurer à leur charge les frais de cercueil et d'enterrement de leurs adhérents indigents. Elles ont des cimetières pour leurs membres, des chambres mortuaires où les cercueils attendent le rapatriement des corps dans la province d'origine. Remarquons, en passant, que les guildes professionnelles groupant des adhérents d'origines diverses, le culte qui les unit n'a pas le caractère du culte régional des associations provinciales; c'est un culte commun, dont la divinité patronne du groupement est choisie parmi des dieux ou des personnages de légende symbolisant les qualités de la profession, la loyauté, la probité, etc.

Les guildes empruntent leur nom au temple du patron qu'elles honorent, par exemple: « La salle des trois empereurs », « Le temple du Dieu de la Médecine » ou, comme les enseignes des boutiques, à des dénominations hyperboliques: « Le Long Printemps » pour les marchands de porcs ; « L'Eternelle confiance de dix mille générations », pour les marchands de toile; « Le Collège de la Clarté Lumineuse » pour les fabricants d'huile. (1)

L'action des associations professionnelles sur la vie municipale se manifeste, en Chine comme en Occident, au point qu'il est parfois difficile de distinguer une guilde d'une municipalité. Par exemple, la guilde de Newchang, composée des principaux négociants, s'occupe de l'entretien de la ville, des rues, des égouts, des réservoirs d'eau, du fonctionnement de la police municipale et de l'assistance publique; elle surveille les marchés et établit des taxes de voirie et des péages sur le passage des ponts. La guilde de Swatow est une des plus importantes. Elle comprend deux divisions représentant les différentes parties de la ville et elle cumule des fonctions analogues à celles de nos chambres de commerce avec celles d'un conseil municipal.

Le rôle municipal ne paraît pas cependant une des caractéristiques générales des guildes chinoises et, en

(1) Cf. HAUCHECORNE, *op. cit.*, p. 178.

tout cas, les associations de marchands et d'artisans n'ont pas joué dans la formation des villes un rôle analogue à celui des guildes en Europe occidentale dans la formation des communes jurées du Nord indépendantes. La commune chinoise est, nous le verrons, exclusivement rurale ; elle a son origine dans les associations de familles et son existence est antérieure à celle des guildes. Les associations chinoises sont ainsi demeurées sur le terrain strictement professionnel et, si elles participent parfois à l'exercice des fonctions municipales, cela tient plutôt à la carence de l'autorité locale. Le pouvoir municipal n'est pas entre leurs mains une arme politique, mais une sorte d'annexe de la gestion des affaires commerciales. La Chine n'a pas assisté à un mouvement analogue à celui des guildes de marchands cherchant à arracher aux seigneurs féodaux des parcelles de leur souveraineté.

Le fait que le rôle des associations professionnelles chinoises est exclusivement commercial mérite d'être signalé. Dépourvues de toutes visées politiques, ces guildes ont conservé un caractère privé, presque familial et surtout une physionomie démocratique, qu'ont perdus les guildes de marchands en Occident. Devenues puissantes, appelées par la formation des communes à jouer un rôle politique, celles-ci ont dû lutter à la fois contre les tentatives de réaction seigneuriale et contre l'intrusion des vilains. Cette lutte les a conduites à accuser de plus en plus leur caractère aristocratique, à se fermer à l'entrée d'éléments nouveaux. De là ces règlements corporatifs rigides, tendant à rendre l'apprentissage long et difficile, à subordonner la réception à la maîtrise au bon vouloir des membres de la corporation, et même à la rendre héréditaire.

La guilde chinoise est plus libérale. Elle est ouverte à tous ceux qui exercent la profession, sans distinction d'origine et sans aucune autre condition. Plus ses membres sont nombreux, plus elle est puissante et le désir d'augmenter le nombre des membres est si grand que nous avons vu une guilde d'originaires et de commerçants accorder une remise de cotisation au membre qui recrute un nouvel adhérent. D'autre part, l'accès au patronat semble plus facile que sous le régime corporatif en Occident. D'ailleurs, l'égalité devant la loi est un principe fondamental de la société chinoise. Quelle que soit la condition d'un individu, il peut prétendre à toutes les fonctions. Ainsi les examens de lettrés, qui donnent accès à l'Administration, sont ouverts à tous, sauf quelques exceptions sur lesquelles nous reviendrons plus loin. « On observe, remarque un auteur, un profond contentement parmi ces millions d'hommes prolifiques qui, en Chine, se disputent si âprement les moyens de subsistance. La pierre angulaire étant l'égalité devant la loi, aucune institution, aucune caste ne coupe la route à l'ambitieux qui veut prendre une part au gouvernement de l'Etat. L'air que l'on respire dans les salles d'examens est aussi pur que l'air du ciel et là concourent, sur un pied d'égalité absolue, le fils du paysan et le fils du mandarin. Et c'est là le secret du succès de l'administration chinoise et l'explication de la satisfaction d'ouvriers et de paysans qui ont à peine de quoi manger. » (1)

***

Démocratiques dans leur recrutement, parce qu'elles n'ont pas à envisager la lutte sur le terrain politique, les guildes professionnelles le sont aussi par leur organisation. Nous avons constaté, par contre, dans les guildes provinciales une organisation aristocratique, qui s'explique, d'ailleurs, par l'esprit de lutte qui préside à leur fondation, et qui fait totalement défaut dans les guildes professionnelles.

Dans l'Europe occidentale, les guildes tenaient leurs droits d'une délégation de pouvoir qui leur avait été faite. Elles avaient obtenu leurs attributions en les demandant aux seigneurs féodaux, puis aux municipalités et aux rois, ou en les leur arrachant. Des chartes leur concédaient certaines prérogatives déterminées. En Chine, les guildes sont nées et se sont développées indépendamment du pouvoir impérial. Elles se fondent comme elles veulent, arrêtent leur organisation, fixent leur but, établissent leur réglementation, choisissent leurs méthodes et leurs sanctions. Privées du secours, mais aussi dégagées du contrôle du gouvernement impérial ou municipal, elles jouissent d'une complète autonomie, et nous le verrons, leur indépendance, leur puissance leur per-

(1) D.-J. Mac Gowan, *Chinese Guilds or Chambers of Commerce and Trade Unions. Journal of North China Branch of the Royal Asiatic Society*, 1886, pp. 133-192.

mettent souvent d'amener à composition l'autorité centrale ou locale.

Aussi les guildes de professions ont-elles généralement une constitution plus démocratique que les guildes provinciales et que les corporations d'Europe. Les membres de la guilde élisent un comité annuel et parfois chaque membre du comité exerce à son tour, pendant une période de temps déterminée, les fonctions de directeur. La guilde des marchands de thé à Changhaï élit chaque année un comité de douze membres. Chaque membre du comité est successivement directeur de la guilde pendant un mois. Ces fonctions sont obligatoires; aucun membre de la guilde ne peut refuser de faire partie du comité. La guilde des charpentiers de Wentcheou élit chaque année cinq chefs, qui dirigent alternativement l'association. De même, la guilde des meuniers à Wentcheou est formée de seize propriétaires de moulins, qui choisissent parmi eux un comité de quatre membres.

Voici les dispositions du règlement de la guilde de Swatow relatives à l'administration :

« Il y aura une assemblée mensuelle du conseil des vingt-quatre notables consacrée à discuter les affaires et à soutenir une entente mutuelle.

Organisation de la guilde. — Outre les vingt-quatre notables composant le conseil, deux membres serviront de trésorier et de comptable respectivement pendant un mois. Le second jour de chaque mois, les deux membres sortants soumettront leurs comptes à l'approbation du conseil ; après quoi, ils passeront leurs livres et comptes à leurs successeurs.

Les vingt-quatre membres du conseil devront tous être présents à ces assemblées, soit en personne, soit représentés par le directeur de leur maison de commerce, sous peine d'amende... » (1)

On peut voir, dans ce passage successif et rapide de nombreux individus aux fonctions de direction ou de caisse, une preuve du peu de confiance que les Chinois mettent dans l'autorité à laquelle ils délèguent leurs pouvoirs. Le contrôle administratif ou financier de la guilde semble ainsi sérieusement garanti.

Cette organisation démocratique s'explique par le caractère pacifique des guildes professionnelles. Mais il faut cependant se garder d'exagérer l'aspect démocratique de la constitution des guildes chinoises.

D'abord, ces associations, nées de l'initiative privée, sans caractère officiel ni statut légal, sont extrêmement différentes les unes des autres, suivant les localités et suivant les circonstances qui leur ont donné naissance. Il est impossible de fixer en traits généraux le droit commun des guildes; d'autant plus que dans chaque guilde, la constitution est coutumière et non écrite. Par méfiance pour les étrangers, les Chinois ne communiquent pas ces règles écrites; ils ne paraissent d'ailleurs pas eux-mêmes en connaître l'existence et aucun ouvrage chinois ne les mentionne. « Dès que l'on entre dans le détail, on trouve divergences et contradictions. Dans l'une, tous les

(1) Cité par H. FROMAGEOT. *Mémoire*...

membres sont sur un pied de quasi-égalité; dans l'autre, quelques patrons plus importants ont héréditairement une situation prépondérante. » (1) En fait, les chefs sont choisis parmi les membres les plus riches, les plus âgés, les plus influents, les meilleurs orateurs. Ainsi se forme une véritable aristocratie marchande et souvent les fonctions de syndics deviennent héréditaires.

« Tel genre de commerce est syndiqué dans une ville et ne l'est pas dans la ville voisine; dans tel métier, tout le monde est libre, aucune règle; dans un autre, ceux qui l'exercent ont leurs assemblées, sans qu'il y ait pourtant corporation; ailleurs les intérêts communs sont réglés, la police est faite par un surveillant dont on ne sait l'origine, qui n'est établi ni par l'administration, ni par les marchands, que tout le monde accepte, parce qu'il existe, et dont la charge est si solide qu'il la vend à un successeur ou la laisse à un héritier. » (2)

La constitution corporative, variée, coutumière, n'a d'ailleurs pas la précision qu'on est accoutumé de trouver dans les chartes des associations en Occident. Ses dispositions vagues et fondées sur un accord tacite ne méritent même pas le nom de constitution au sens où nous l'entendons. Il y a bien des assemblées où l'on délibère, mais le vote, c'est-à-dire le décompte des voix qui emporte la décision dans le sens adopté par une majorité, y est inconnu; il n'est pas question de majorité ni de minorité. Pour qu'une

(1) COURANT, *op. cit.*, p. 75.
(2) COURANT, *loc. cit.*

décision soit prise, il faut qu'elle réunisse la quasi-unanimité des membres de la guilde. S'il se manifeste des dissentiments trop marqués sur une question, elle n'est pas portée devant une assemblée de la guilde. Pour éviter des conflits insolubles qui empêchent d'aboutir, on a soin de ne rien mettre par écrit, afin de ne pas accuser le désaccord. On arrive, par des conversations, des pourparlers, procédé moins rigide et qui laisse plus de place à des concessions, à une sorte d'entente générale, qui, au fond, lie les membres de la guilde au moins autant qu'un engagement écrit.

En l'absence de vote, les chefs ne sont pas à proprement parler élus, mais désignés à peu près à l'unanimité. Ces chefs n'ont, d'ailleurs, que des attributions assez vagues. « L'autorité des syndics n'existe pas à proprement parler; ils ne peuvent ni exclure un membre, ni enlever la parole à quelqu'un ou clore l'assemblée; ils ne dirigent pas la discussion, ils ne comptent pas les votes. Leur rôle est plutôt celui d'hommes d'affaires chargés de tenir la caisse, d'entrer en rapports avec les mandarins, de prendre les dispositions pour les fêtes communes et pour les cérémonies du culte: c'est là uniquement un pouvoir exécutif. Ainsi la corporation est un corps sans tête; on connaît ses organes extérieurs, ses agents de relation, on ne sait où s'adresser pour agir sûrement sur elle. Cette condition d'être amorphe, de collectivité où personne ne dirige, où personne n'est responsable, est fréquente en Chine. » (1)

(1) COURANT, *op. cit.*, p. 76.

De l'imprécision de la constitution, de ses contours fuyants, il serait faux cependant de conclure que les guildes sont des organismes sans vitalité et sans puissance.

La volonté populaire, dépourvue d'une forme constitutionnelle, telle que le vote à la majorité des voix, s'exprime en quelque sorte par acclamation. La procédure de désignation des chefs présente une ressemblance frappante avec l'élection des évêques par le clergé et le peuple en France avant le XIIIe siècle et cette similitude singulière mérite d'être signalée. « Il ne faut pas, dit, au sujet des élections des évêques, M. Olivier-Martin, se représenter ces élections comme des élections modernes, au scrutin secret, avec urnes, isoloirs. Ce sont des élections beaucoup plus librement ordonnées. Parfois le peuple se prononce tout d'une voix en faveur de tel prélat dont la vertu est bien connue; il y a alors une véritable acclamation. Mais le plus souvent, les évêques présidant l'assemblée du clergé de la cité, après délibération entre eux, présentent à l'assemblée populaire un candidat, qui est approuvé avec plus ou moins d'élan. Toutefois, pour que l'élection soit acquise, il suffit que la proposition faite par les électeurs influents ne se heurte pas aux protestations d'une partie notable de l'assemblée. Si le candidat est accueilli d'une manière suffisamment cordiale, sans opposition trop caractérisée, l'élection est acquise. » (1)

Ce mode laisse place à l'autorité des chefs, si ceux-

(1) OLIVIER-MARTIN, *Cours de Doctorat*, 1923-1924, d'après la rédaction autographiée, p. 204.

ci savent l'imposer. Or la notabilité, la puissance commerciale de leur maison, le prestige personnel, l'hérédité sont des éléments certains d'influence plus que des pouvoirs constitutionnels étendus. L'imprécision même des attributions des chefs autorise de leur part l'action la plus large, la plus dictatoriale et l'assemblée, composée d'ailleurs d'un nombre assez restreint de membres, unis par des intérêts professionnels communs, suit volontiers ceux qui savent diriger la guilde, apporter l'énergie nécessaire et l'esprit de suite dans la protection de ses membres et la défense de leurs intérêts.

A cette psychologie commune aux masses, plus répandue encore dans des groupements d'individus réunis par des intérêts matériels communs, (on pourrait écrire de longs développements sur l'influence parfois dictatoriale des conseils d'administration ou de l'administrateur-délégué sur les assemblées générales dans les sociétés anonymes), il convient d'ajouter un trait de psychologie propre aux Chinois et qu'il ne faut pas oublier de mettre en lumière, lorsqu'on étudie leurs associations. On est frappé du développement de groupements constitués en face de l'autorité administrative, parfois contre elle. Cet esprit d'indépendance, de « self government » se complète d'un sentiment en apparence contradictoire, l'esprit de discipline. Conscients de la force de l'association, qui est pour eux comme un besoin naturel, les Chinois en acceptent l'autorité; ils savent aliéner assez de leur liberté pour se soumettre aux règlements de la guilde, mais ils demandent en échange à leur groupement des services importants.

Leur sentiment de l'intérêt collectif est si profond qu'ils s'inclinent devant des mesures qui paraîtraient à des commerçants français, imbus de l'individualisme excessif légué par la Révolution, attentatoires à la liberté individuelle et au secret des affaires. Par exemple, les guildes tirent la majeure partie de leurs ressources de taxes perçues sur le chiffre des affaires réalisées par leurs membres. La guilde se réserve le droit d'exercer un contrôle rigoureux sur les livres de ses adhérents, soit par ses délégués, soit même, ce qui semble encore plus exorbitant, d'après le règlement de la guilde des marchands de bois à Ningpo, par les comptables des autres firmes par roulement. De même, la guilde de Swatow soumet à la visite de ses délégués les bateaux marchands. En adhérant à la guilde, les commerçants acceptent en effet à l'avance le contrôle comptable et la réglementation et il ne semble pas que l'application de ces règlements soulèève de difficultés ni de récriminations. La guilde dispose d'ailleurs d'un pouvoir disciplinaire étendu, dont elle ne manquerait pas de faire usage contre les récalcitrants.

***

Nous allons examiner successivement les revenus des guildes, leur rôle et les sanctions de leur action.

Les revenus de certaines guildes sont extrêmement importants. On prétend que le fonds de réserve de la guilde des marchands de poisson à Ningpo s'élevait, il y a une vingtaine d'années, à 700.000 dollars et le revenu de la guilde des droguistes à Ningpo serait annuellement de 500.000 dollars. (1)

Ces chiffres sont impossibles à vérifier, car si les guildes estiment inutile de rédiger par écrit leur constitution, elles divulguent encore moins leurs affaires. Sous le régime impérial, les associations étaient libres, le commerce aussi ; les associations n'étaient pas soumises à des mesures de publicité. On ne possède donc aucun renseignement officiel, aucune statistique sur l'action ni sur les ressources des guildes. On ignore même l'origine des revenus des guildes les moins riches; il est probable qu'elles perçoivent des cotisations sur leurs membres. Les indications qui suivent se rapportent aux guildes les plus puissantes, dont les règlements sont mieux connus, parce qu'ils sont souvent soumis en fait aux autorités locales.

La guilde des marhands de poisson de Ningpo lève une taxe sur chaque bateau qui apporte du poisson, suivant un tarif publié. Tout marchand qui adhère à la guilde doit déposer un cautionnement de 3.000 dollars, en garantie du paiement des amendes qu'il encourrait éventuellement pour infractions au règlement de la guilde. De même, dans la guilde des banquiers à Wouhou, chaque membre dépose une garantie de cent taels, somme égale au montant de l'amende infligée pour inobservation des statuts. La guilde des marchands de thé de Changhaï fait payer une taxe pour chaque boîte de thé vendue. Chaque maison adhérente doit envoyer mensuellement ses comptes au secré-

(1) H.-B. MORSE, *op. cit.*, p. 14.

tariat de la guilde et si les contrôleurs délégués par celle-ci découvrent une omission, le coupable est passible d'une amende égale à 15 fois la différence. En outre, chaque adhérent doit payer un droit d'entrée de 100 dollars et offrir un dîner de 40 à 50 couverts. Les amendes affectent aussi fréquemment la forme d'un banquet. La guilde des marchands de bois à Wuchow perçoit une taxe de 1,60 tael pour chaque radeau passant dans le port. La guilde des agents de commission prend une commission de 0,5 pour mille sur le principal des ventes. La guilde des banquiers à Ningpo débite chaque mois le compte de chacun de ses membres d'une part égale des dépenses du mois. (1)

D'après le règlement de la guilde de Swatow: « Les préposés de la guilde doivent examiner le contenu de tous les bateaux marchands et dresser un état pour en informer leurs mandants. Tous les droits doivent être payés dans le mois où ils sont dus et pris en compte par ceux qui sont chargés de tenir les livres à cette époque... Les contestations sont portées devant le conseil.

« Pour chaque entrée à Swatow et chaque départ de Swatow d'un navire à vapeur affrété par un membre de la guilde, celui-ci doit verser un droit de seize dollars à la caisse de la guilde. »

Les fonctions des guildes professionnelles, comme celles des guildes provinciales, sont très complexes. Comme dans toute association chinoise, la double fin

(1) Cf. H.-B. Morse, *op. cit.*, pp. 14-16.

religieuse et mutualiste se retrouve dans les guildes professionnelles. Elles assurent le culte du patron qu'elles ont choisi : elles célèbrent dans leur temple les cérémonies religieuses, avec les banquets et les représentations théâtrales qui en sont l'accessoire habituel. Elles s'occupent de l'entretien du temple ; elles ont leur cimetière, où reposent leurs membres décédés ; elles disposent une chambre mortuaire, où les cercueils des adhérents attendent leur retour dans la terre natale, auprès des ancêtres.

Organes d'assistance mutuelle, elles procurent du travail à ceux des leurs qui sont en chômage ; elles mettent leurs membres en relations entre eux, avec les autorités ou avec des clients ou des fournisseurs ; elles aident pécuniairement ceux qui sont dans le besoin ; elles leurs délivrent des secours de chômage ou de maladie.

Cette protection mutuelle s'exerce aussi en matière commerciale, car les guildes de marchands ont un aspect commercial plus accusé, plus spécialisé que celui que nous avons constaté dans certaines guildes provinciales. La guilde se réserve la connaissance des différends commerciaux. Les difficultés soulevées par les transactions commerciales, par les faillites, etc. sont généralement soumises à l'arbitrage des chefs de la guilde. Les règlements stipulent presque toujours qu'avant de recourir aux tribunaux, les membres de l'association devront au préalable soumettre à son arbitrage les différends qui s'élèvent soit entre eux, soit entre l'un d'eux et un tiers.

Cette juridiction arbitrale des affaires commerciales

rapproche les guildes professionnelles chinoises des tribunaux de commerce français. Mais tandis qu'en France, l'autorité des décisions de la justice consulaire repose sur la volonté du législateur, sur des textes de lois qui la lui confèrent et qui délimitent sa compétence, le pouvoir arbitral des guildes chinoises réside uniquement dans le consentement tacite des adhérents et dans le pouvoir de coercition des guildes. Il ne s'exerce pas en vertu d'une charte concédée ni d'une délégation de l'autorité, mais en vertu d'un libre accord et de l'acceptation implicite de la coercition du nombre sur l'individu.

Cette juridiction n'est donc pas, comme en Europe Occidentale, l'exercice par délégation d'une portion de la fonction juridictionnelle de l'Etat, d'une parcelle de la souveraineté, par un tribunal, d'origine élective, mais compris dans le cadre et la hiérarchie des tribunaux de l'Etat: c'est une juridiction indépendante, étrangère aux cadres juridictionnels du gouvernement, ne tenant son pouvoir que des assentiments individuels et jugeant non pas dans l'Etat, mais à côté de l'Etat.

Cette justice des guildes a même une certaine supériorité sur la justice consulaire : elle exerce, pour sanctionner les contraventions à son règlement, le pouvoir répressif ; elle ne tranche pas seulement des différends commerciaux; elle prononce des peines. Par exemple, un article du règlement de la guilde des tisseurs de soie à Wentcheou dispose : « Les disputes entre membres sont réglées par l'arbitrage. Dans les petites affaires, celui qui a tort est mis à l'amende de cierges (pour le temple: nous rencontrons encore dans ce détail un aspect du caractère religieux des associations chinoises); pour les questions plus graves, il doit payer un concert ou une pièce de théâtre. »

***

La réglementation du commerce est l'attribution fondamentale des guildes et c'est peut-être ici qu'apparaît le plus clairement leur importance, la nécessité même de leur existence. Nous avons vu les guildes de marchands éclore en Europe pour assurer aux transactions commerciales la sécurité et la stabilité qu'elles ne trouvaient pas dans la législation. A défaut de règles légales sur les conditions du commerce, il fallait bien que les intéressés fixent eux-mêmes les poids, les mesures, les monnaies à employer, la juridiction qui trancherait les conflits. L'évolution historique, la résurrection de l'autorité centrale jusqu'à l'absolutisme ont amené une intervention croissante, excessive même, du pouvoir royal en matière commerciale et économique. Aujourd'hui encore, l'Etat exerce sur la vie commerciale et économique une action de réglementation, de surveillance et de contrôle. L'Etat fabrique les monnaies; il a établi un système légal de poids et de mesures et il vérifie la conformité des poids et des mesures employés aux étalons; une législation administrative et industrielle réglemente l'exercice des professions, des commerces et des industries, les rapports des patrons et des employés ou ouvriers ; un code de commerce, complété et mis à jour par de nombreuses lois ultérieures, fixe les règles, interprétatives ou obligatoires, des conventions commerciales, réprime les fraudes, les actes de concurrence déloyale. Des juridictions d'Etat assurent, avec l'appui de la force publique, l'exécution de ces dispositions légales.

Cette intervention minutieuse du législateur et de l'administration dans le domaine économique industriel et commercial rend presque inutile l'action collective des initiatives privées ou, du moins, elle pose la question sous un autre aspect, que nous retrouverons plus loin. Au contraire, l'intervention des groupements professionnels est une véritable nécessité en Chine. Jusqu'à la chute du régime impérial, qui forme la limite chronologique de notre étude, la vie économique a conservé l'aspect privé qui avait justifié la création des guildes de marchands et d'artisans en Occident: ce qui explique que les guildes chinoises aient conservé la pureté de leurs traits primitifs jusqu'à l'époque contemporaine et se soient maintenues comme des organismes indispensables, au lieu de suivre dans leur évolution et leur chute les guildes et les corporations françaises. L'autorité centrale ou provinciale en Chine est à peu près exclusivement politique et administrative. Le gouvernement est un organisme exclusivement fiscal et de police et son intervention dans le monde des affaires est basée sur des principes éthiques et non économiques. Il intervient à peine dans la vie économique. Le commerce est affaire privée; l'Administration l'ignore, fait vraiment curieux et sans doute unique, même au point de vue fiscal. Les marchands jouissent à l'égard de l'Etat d'une grande indépendance; en dehors des droits d'octroi et de production, qui atteignent non le marchand, mais la marchandise, le commerçant ne paie pas d'impôt, pas de patente annuelle ; un droit une fois payé pour l'ouverture de la boutique, quelques contrats favorables à l'Administration, quelques pots-de-vin distribués, et rien de plus. » (1)

Il n'y a pas davantage de législation ni de juridiction commerciales, fixant et sanctionnant les rapports des patrons et de la main d'œuvre, des producteurs et des consommateurs, les conditions essentielles des transactions commerciales. Non seulement le socialisme d'Etat est étranger à la Chine impériale, mais même cette intervention minima, qui paraîtrait indispensable aux plus farouches adversaires de l'action économique de l'Etat, n'existe pas. « Pas d'ingérence d'une autorité quelconque dans le prix des denrées, dans les contrats entre patrons et employés, pas de juridiction commerciale officielle, aucune protection, aucune entrave; à tel point que c'est l'usage local du commerce qui détermine la longueur du pied, le nombre d'onces à la livre, de sapèques à la ligature, le poids du tael, la tolérance sur le titre de l'argent. Le fait commercial est chose purement pratique, il n'a pas d'existence légale ni juridique. » (2)

Cette carence de l'autorité centrale ou locale en matière économique rend indispensable l'intervention des initiatives privées et elle leur laisse le champ en-

(1) M. Courant, *op. cit.*, p. 74.
(2) *Loc. cit.*

tièrement libre. Elle explique pourquoi, même en plein XIXe siècle, même à l'aube du XXe siècle, les guildes professionnelles règlent en toute indépendance des matières que nous sommes accoutumés de laisser au législateur et à l'administration le soin de régler et de contrôler.

Les préambules des règlements des guildes font ressortir que cette fonction est la raison fondamentale de la formation de ces associations et elles mettent à la base de la réglementation la loyauté et la bonne foi.

Dans tous ces statuts, on retrouve, exprimée en des termes divers, cette idée, que développe le préambule du règlement de la guilde des marchands de poisson à Ningpo. « Nous avons appris que dans le commerce en général, la sincérité et la bonne foi sont de première importance, de façon que ni l'acheteur, ni le vendeur ne supporte de perte. Les anciennes règles sont devenues en partie caduques, nous les avons refondues pour tenir compte des changements. »

Et la guilde des marchands de thé de Changhaï, dont le commerce est l'un des plus importants de la Chine avec les étrangers, admet le même principe dans les rapports commerciaux entre Chinois et étrangers: « Le commerce avec les étrangers doit être conduit avec bonne foi et droiture et les transactions avec les cultivateurs et les intermédiaires chinois doivent aussi être conduites d'une manière équitable. »

Pour que ces règles ne soient pas perdues de vue, les établissements de commerce font afficher sur les murs de leurs locaux, imprimées en noir sur placards rouges, des devises telles que celles-ci: « Les méthodes de commerce doivent être équitables et les marchands et clients doivent être probes et animés de bonne foi. »

Il est impossible de suivre dans le détail de la réglementation les statuts des guildes. Chacune d'elles ayant son initiative entière, la plus grande diversité règne entre leurs dispositions, et l'absence d'écrits ne permet pas toujours de préciser ces règles. Mais elles s'inspirent toujours de la loyauté commerciale et s'efforcent d'introduire l'uniformité dans les transactions. Par exemple, les guildes arrêtent les éléments qui doivent figurer dans le prix de revient ou le prix de vente d'une marchandise: frais d'emballage, frais de transport, de magasinage. Elles fixent la valeur des unités de poids, de mesures, de monnaies dans les opérations passées par les membres de la guilde. Elles déterminent les conditions de paiement: monnaies à employer, délais d'exécution, lieu de paiement, taux de l'escompte. Elles édictent l'obligation de suspendre les affaires certains jours de fêtes déterminés. Certains règlements, par exemple celui de la guilde des marchands de thé à Changhaï, embrassent tout le détail des transactions intéressant cette branche de commerce.

Cette réglementation met les clients, nationaux ou étrangers, à l'abri des surprises, des fraudes résultant de la fixation arbitraire des prix et de l'emploi de poids ou de mesures variables. Elle égalise d'autre part les conditions de la concurrence entre les membres d'une même guilde, en uniformisant les éléments à comprendre dans le prix de revient, et les conditions de vente. Certaines guildes vont même jusqu'à fixer un prix de vente. Sur ce point encore, on trouve la plus grande variété: certains règlements ne s'occupent pas de cette question; d'autres discutent un prix de base, mais ne l'imposent pas. D'autres enfin fixent un prix de vente minimum imposé aux marchands membres de la guilde. A Pékin, les voituriers et les bateliers, par exemple, se réunissaient dans des auberges, près des portes de la ville; ils ne formaient pas une association régulière, mais en fait, ils jouissaient d'un véritable monopole du trafic avec les provinces et ils fixaient les prix des transports.

La fixation d'un prix minimum impératif est une grave mesure. Elle stabilise la concurrence entre les marchands, bien qu'il faille tenir compte des éléments du prix de revient, variables avec chaque entreprise; mais elle permet de maintenir et d'accroître une certaine marge de profit, au détriment des consommateurs. Dans la mesure où elles s'adonnent à cette pratique, les guildes de marchands peuvent être rapprochées des cartels, qui fixent des prix de vente impératifs minima. Cette politique suppose naturellement un monopole au moins relatif de la guilde, qui ne trouve pas en face d'elle des concurrents assez forts pour offrir leurs articles à un prix inférieur. Pour asseoir cette politique, les guildes sont ainsi amenées à imposer à leurs membres une discipline sévère, en vue d'assurer l'observation du prix minimum, au détriment même du chiffre d'affaires individuel de telles entreprises et à briser la résistance des concurrents.

*
* *

Le caractère religieux des guildes, le sentiment d'un intérêt commun, l'esprit de discipline à l'égard de l'autorité et du groupement, sont de puissantes garanties de l'observation des règlements par les membres de la guilde. Les statuts prévoient cependant des sanctions. Il en est de bénignes : fournitures de cierges pour le temple de la guilde, amende de 10.000 pétards, qui sanctionne parfois l'absence aux réunions de la guilde. (1) Il en est de plus onéreuses: payer une amende, offrir un banquet, une représentation théâtrale. Nous avons noté l'importance sociale de ces représentations en Chine. Il est intéressant de remarquer aussi le grand rôle joué dans la vie sociale des Chinois par les banquets. Les affaires se concluent souvent à la fin d'un bon repas; on donne aussi des banquets pour marquer la fin d'une guerre, d'un procès, etc. Imposé comme amende, c'est un moyen ingénieux d'atténuer la sanction, de la rendre polie, sociable et de maintenir l'harmonie au lieu de la rompre, tout en *sauvant la face* au coupable, qui paie, mais ne souffre pas dans son amour-propre.

Mais pour briser la résistance d'un concurrent ou d'un membre qui ne se conforme pas à ses prescriptions, la guilde use d'autres armes. Elle baisse les prix, de manière à rendre la concurrence impossible et à amener la ruine des adversaires ou leur adhé-

(1) Les pétards en papier rouge sont des objets de consommation usuelle et servent en toutes circonstances à se rendre les divinités favorables.

sion: on reconnaît là un des procédés employés en Europe ou en Amérique par les cartels et les trusts. Elle va plus loin encore. Elle décide la mise à l'index, le boycottage. Le membre récalcitrant est chassé du groupe; avec lui ou avec les concurrents de la guilde, toute espèce de relations, soit d'affaires, soit même privées, est interdite. Cette mise en quarantaine se complète par une baisse des prix et par mille procédés pour ruiner le crédit de l'adversaire dans le public.

Le moyen est toujours efficace et la résistance est vite brisée. Le concurrent est ruiné, ou bien il vient à composition. C'est ainsi que les guildes établissent un véritable monopole à leur profit. Nous avons vu des guildes de marchands composées exclusivement d'originaires réussir à évincer sur leur propre marché les concurrents locaux. Comme ces guildes provinciales spécialisées, et par les mêmes procédés, les guildes de marchands tendent au monopole.

***

Les guildes disposent aussi d'armes efficaces pour vaincre la résistance des autorités. En principe, leurs relations mutuelles sont bonnes; les guildes n'empiètent pas sur la compétence du gouvernement et de l'administration, puisque ceux-ci se désintéressent des questions économiques et commerciales. Ils n'ont donc pas à les jalouser et doivent se féliciter de trouver des collaboratrices bénévoles et gratuites. Aussi les autorités locales reconnaissent-elles en fait les guildes, qu'aucun texte de loi n'interdit ni ne réglemente.

Les mandarins ont des rapports presque officiels avec leurs délégués, avec leur secrétaire général, qui, grâce à sa qualité de lettré, a accès auprès d'eux. Les mandarins s'efforcent de vivre en bons termes avec les guildes, dont ils apprécient l'utilité et connaissent la puissance, et ils évitent de s'ingérer dans leurs affaires, dont elles entendent garder jalousement le secret.

Parfois, cependant ,des conflits éclatent, soit qu'un fonctionnaire local, plus soucieux des intérêts généraux, prétende régler une question économique, soit qu'une guilde essaie d'étendre sa domination au delà de ses adhérents, soit enfin que des divergences d'intérêts se manifestent avec des étrangers. Maîtresses des prix, des conditions des tractations commerciales, des usages du commerce, les guildes peuvent à volonté se mettre sur la défensive ou prendre l'offensive. Elles ne reculent même pas devant une tactique d'une gravité particulière : la grève, l'arrêt des affaires. Grâce à la solidarité et à la discipline qui unit tous ses membres, le mot d'ordre lancé par une guilde est immédiatement exécuté. Les commerçants adhérents à la guilde ferment boutique, suspendant toutes transactions commerciales. Des perturbations se produisent dans les relations entre les diverses professions, dans le commerce entre les provinces et dans le commerce international. La population tout entière est directement atteinte par le manque de subsistances, surtout lorsque la grève s'étend, comme il est arrivé, à l'ensemble des corporations ou même à plusieurs villes. L'autorité locale est désarmée par la conception même du pouvoir et de la liberté économique, qui condamne les mesures répressives, comme les interventions impératives, en matière commerciale, et elle doit compter avec une opinion publique hostile à toute intervention. Le mandarin « dispose de forces insuffisantes et d'ailleurs a pour devoir d'administrer pacifiquement, comme un père et une mère règlent leur famille, et surtout de ne pas causer d'ennuis à ses supérieurs. Jamais les autorités ne songent à faire ouvrir les boutiques par mesure de police, à faire distribuer les denrées alimentaires par leurs clercs ou leurs valets de yamen : elles n'ignorent pas que, les malversations aidant, elles ne feraient que mettre le comble au désordre. C'est seulement en temps de famine, lorsqu'il s'agit des grains, que la tradition consacre l'ouverture des greniers publics, la distribution, la mise en vente à bas prix de leur contenu. En tout autre cas, l'opinion est contraire aux mesures impératives et, en temps de crise, l'opinion violentée se venge par des troubles. » (1) Le gouvernement central n'est pas en face d'une grève, en meilleure posture que les mandarins locaux; il ne peut la combattre directement. Souvent même, pour établir la paix, il sacrifie le mandarin local, condamne son attitude et le déplace.

Voici deux exemples, entre bien d'autres, de conflits où cette tactique des guildes a été employée.

En 1881, les guildes de Swatow, pour un différend avec la douane maritime, décrétèrent collectivement

(1) COURANT, *op. cit.*, p. 77.

la suspension générale des affaires. Les guildes de plusieurs autres ports se solidarisèrent avec elles et, après avoir été porté devant les autorités provinciales, le conflit fut tranché par la Cour impériale de Pékin. Elle se borna à prescrire une enquête sur la gestion des syndics des guildes. Grâce à ce détour, et en faisant condamner quelques syndics pour des irrégularités de gestion, le gouvernement évita de régler directement le conflit et de punir les meneurs.

En 1883, un différend éclata entre les marchands de thé d'Hankeou et les commerçants européens. La guilde des marchands de thé reprochait aux négociants européens de faire un constant usage de poids faux; ceux-ci se plaignaient, par contre, du défaut de concordance entre les marchandises livrées et les échantillons. Ces longues contestations aboutirent au refus des Européens d'accepter une entente et à leur décision collective de suspendre leurs achats. La guilde riposta par l'ordre de ne plus vendre. Le commerce du thé fut complètement arrêté. Le toataï du port d'Hankeou se refusa à toute intervention. Le boycottage se termina par la victoire complète des commerçants chinois; les Européens cédèrent les uns après les autres.

∴

Indépendamment de cette lutte collective des commerçants chinois contre les Européens, le commerce international en Chine est aujourd'hui libre et individuel. Mais il n'en est ainsi que depuis à peine un siècle et quelques développements sur la corporation des marchands hannistes trouvent leur place dans une étude sur les guildes de commerçants en Chine. Jusqu'au XIVe siècle, les fermes de la gabelle, monopole commercial et fiscal, et celles du commerce étranger étaient étroitement unies et procuraient de fructueuses ressources au gouvernement chinois. Lorsque les Européens installèrent à Canton leurs factoreries, au début du XVIIIe siècle, le souvenir de ces fermes, ainsi que le sentiment d'hostilité à l'égard des étrangers, fit instituer par la Chine le monopole des « Marchands de l'Empereur ». Les étrangers n'avaient le droit de commercer qu'avec ces marchands, qui avaient le privilège du commerce avec les « barbares ».

L'autorité locale interdisait à ces derniers tous rapports avec les indigènes. Parqués dans l'étroit espace des treize factoreries. ils n'en pouvaient sortir qu'accompagnés d'un interprète indigène désigné et autorisé par le *hoppo,* trois fois par mois, à jours fixes; aussitôt que les marchandises étaient embarquées, ils devaient quitter la ville; ils n'étaient pas autorisés à engager des maîtres pour apprendre la langue du pays, ils recevaient leurs serviteurs et les employés de la main des marchands hannistes. (1)

En 1702, tout le commerce avec les étrangers fut d'abord concentré entre les mains d'un seul marchand chinois, le Marchand de l'Empereur. Puis, en 1720 ou 1722 fut créée la corporation des marchands hannistes, dont le nombre fut élevé successivement à 10, en 1765, à 12, en 1807 et à 13 en 1829. En 1760,

(1) COURANT, *op. cit.*, p. 73.

les autorités de Canton promulguèrent un règlement pour le bon fonctionnement du commerce étranger. Ce règlement fut révisé en 1810 et en 1819.

Le petit nombre des membres de la corporation des marchands hannistes permettait à chacun d'eux de retirer de gros profits du monopole. Mais de lourdes obligations compensaient ces avantages et les condamnaient à une situation de plus en plus précaire. Ils avaient à acquitter une licence de 200.000 taels. Ils se réunissaient sous la présidence du *hou-pou* (le *hoppo,* comme l'appelaient les Européens), directeur des douanes de Canton, envoyé de Pékin par l'Intendance de la Cour impériale. Celui-ci, ainsi que les hauts fonctionnaires, jaloux des bénéfices retirés par les marchands de leur privilège, les pressuraient, exigeaient d'eux de grosses sommes d'argent, des subventions importantes aux œuvres d'assistance et de charité, aux travaux publics... De plus, les hannistes étaient responsables auprès des autorités de tous les faits et gestes des étrangers. Ces exigences pécuniaires du hoppo les forcèrent à emprunter aux marchands européens des sommes de plus en plus considérables, qui s'élevaient, vers 1780, à 2 millions de piastres, dont 600.000 dues à des négociants français. Le gouverneur de Canton, à la suite de troubles causés par cette situation, dut stipuler que le paiement de la dette devrait être effectué en dix années.

Le privilège des marchands hannistes a disparu à la suite de la guerre de l'opium, née des mesures violentes prises par le *hoppo:* augmentation des droits, suspension du commerce, et des troubles graves qu'elle avait suscités, mise à mort de Chinois devant les factoreries, détention et exécution d'étrangers, destruction des caisses d'opium. Le commerce étranger était rendu impossible par l'absence de toute règle précise et stable concernant les transactions, et la situation de plus en plus endettée des marchands hannistes aboutit à leur faillite. Le traité de Nankin, qui mit fin à la guerre de l'opium (1842), décida l'ouverture de cinq ports. Changhaï, Ningpo, Amoy,Swatow, Canton) et la suppression de toute corporation privilégiée pour le commerce avec les Européens. (1)

Depuis cette date, tout monopole a cessé pour le commerce étranger et, dans la mesure des clauses des traités diplomatiques, il est libre comme le commerce entre Chinois. Les négociants européens, comme les négociants chinois, traitent avec des individus, mais ils doivent compter avec les guildes de marchands. Chargées par la carence et le consentement tacite des autorités administratives d'énoncer les usages du commerce, de fixer les conditions des ventes, les poids, mesures et monnaies à employer, les guildes procurent au commerce étranger, comme à leurs propres membres et à tous les nationaux, les avantages d'une stabilité et d'une sécurité dans les affaires, demandées, dans les pays occidentaux, à l'action du législateur. Mais complètement autonomes, dégagées de tout contrôle exercé par l'autorité publique au nom de

(1) Sur les Marchands hannistes, cf. H. Cordier, *Les Marchands Hannistes de Canton*. Toung Pao 1902, p. 280.

l'intérêt général, indépendantes les unes des autres, les associations professionnelles ne peuvent aller jusqu'aux avantages d'une réglementation uniforme et permanente. Les conditions des transactions commerciales varient d'une guilde à l'autre, d'une province à l'autre. Il est à redouter que les intérêts d'une profession ne l'emportent sur la stabilité et que la réglementation, par exemple en matière de prix, ne s'inspire de considérations de circonstances ou d'une tendance au monopole.

Avec les guildes de marchands, les plus importantes des guildes professionnelles chinoises, nous avons exposé les caractères généraux communs à tous les groupements professionnels. Il nous suffit donc de relever les traits particuliers aux guildes d'artisans, d'ouvriers et de banquiers. Dans toutes ces guildes se retrouvent les caractéristiques de toute association professionnelle: spécialisation par profession, sans distinction d'origine ; caractère religieux prononcé, manifesté par la consécration des guildes à un patron, par l'existence d'un temple, par un culte commun, des cérémonies religieuses, l'affectation d'un cimetière et d'une chambre mortuaire aux corps des adhérents décédés et, enfin, caractère mutualiste.

***

Pas plus que le commerce, la production artisanale n'est réglementée par la loi chinoise. Les corporations de métiers se créent librement et fixent en toute indépendance les rapports entre les patrons et les ouvriers, les conditions de la production et de la vente.

L'organisation des métiers est en quelque sorte familiale. Les commis et les apprentis sont groupés autour du patron, qui a fait le même apprentissage qu'eux. Ils ont l'espoir d'accéder au patronat et ils y réussissent en s'associant à un capitaliste; la commandite est un aspect fréquent de l'association en matière de métier.

Cet aspect familial de l'artisanat, cet espoir d'accès au patronat unit, dans un intérêt commun, le patron et ses commis ou apprentis et leur permet de faire partie du même groupement corporatif. Les guildes d'artisans comprennent généralement des patrons, des employés, des apprentis. Mais suivant le principe aristocratique déjà rencontré dans les guildes de marchands, l'autorité et la direction appartiennent toujours aux patrons. On ne rencontre, dans les guildes d'artisans chinoises, rien qui ressemble au principe de représentation paritaire, de plus en plus adopté par la législation ouvrière française (comités de salaires, commissions relatives à la journée de 8 heures...) ou par la pratique (chambres de métiers et surtout conseils de métiers paritaires).

En tout cas, l'admission des commis ou des ouvriers à côté des patrons est un trait caractéristique des guildes de métiers chinoises, qui mérite d'être signalé, car l'évolution corporative a été différente en Europe. Dès le XVe siècle, on voit en Angleterre des ouvriers se grouper en associations indépendantes des corporations de patrons, en confraternités religieuses, pour remplir en commun leurs devoirs religieux et défendre leurs intérêts professionnels. Les patrons essayèrent en vain de supprimer ces groupements, puis s'efforcèrent d'en faire une dépendance de la corporation, soumise à leur contrôle. En Chine, au contraire, les guildes de métiers ont toujours réuni patrons et ouvriers et les groupements exclusivement ouvriers sont rares.

Les guildes de métiers fonctionnent de la même manière que les guildes de marchands: l'organisation est analogue: chefs désignés à la presque uanimité, assemblées discutant sans émettre de vote à la majorité; les pénalités sont les mêmes. On peut considérer comme triple le but des guildes de métiers: aide mutuelle; lutte contre l'avilissement des prix; lutte contre l'ingérence des autorités.

Les règlements de ces guildes sont imprimés sur du papier rouge et affichés dans les locaux professionnels. Leurs dispositions sont naturellement assez diverses, mais peuvent se ramener à des traits communs. Ils déterminent notamment le nombre d'heures de travail par jour, les jours fériés. Les conditions de l'apprentissage sont minutieusement réglées. Beaucoup de statuts limitent le nombre des apprentis; certains n'admettent comme apprentis que les fils ou les neveux du patron, maintenant ainsi par l'hérédité le caractère familial et aristocratique de la profession. La durée de l'apprentissage est fixée généralement à trois ans au moins, cinq ans au plus. Les apprentis ont droit à la nourriture et au logement et quelquefois à une rémunération. Les obligations réciproques entre patrons et apprentis sont aussi précisées.

Voici, à titre d'exemple, les dispositions du règlement de la guilde des tisserands et teinturiers de soie à Wentcheou, relatives à l'apprentissage :

« Le tissage doit être enseigné d'abord, puis la teinture. Aucune boutique ne peut avoir plus d'un apprenti teinturier; elles peuvent, par contre, avoir deux apprentis tisserands pour trois métiers. Les patrons ne peuvent avoir qu'un membre de leur famille apprenti à la fois.

« L'apprentisage dure cinq ans. Pendant deux ans, l'apprenti apprend à tisser et, pendant trois ans, il apprend à teindre. Après ce temps, il continue à servir le même patron pendant deux ans comme ouvrier et ne peut auparavant quitter son patron que si celui-ci le permet. Un apprenti qui cesse son apprentissage ne sera plus jamais admis dans la corporation.

« Les apprentis doivent le respect aux ouvriers. »

Ces dispositions sont intéressantes à signaler et montrent l'effort tenté par des associations en Chine pour réglementer l'apprentissage de certains métiers. En France, où sévit depuis longtemps, et surtout depuis la guerre, une grave crise de l'apprentissage, les intéressés ont essayé de suppléer à l'inefficacité des dispositions législatives par de véritables règlements d'apprentissage. Quelques chambres de commerce et de nombreux syndicats patronaux ont élaboré des contrats-types d'apprentissage. A l'instar des chambres de métiers instituées par la législation de l'Empire allemand, en vue de défendre le métier artisanal contre l'entreprise concentrée, des chambres de métiers se sont créées en France et l'une de leurs principales fonctions est d'organiser l'apprentissage. La Chambre des députés a tout récemment adopté la proposition Courtier, qui leur donne un statut légal, et d'autres propositions admettent la composition paritaire de chambres ou du moins de conseils de métiers. (1) Il est curieux de voir, en Chine, des associations nées de l'initiative privée, sans aucun support légal, et composées de patrons et d'ouvriers, régler souverainement les questions que soulève l'apprentissage.

Les statuts des guildes de métiers se préoccupent aussi de la qualité des produits, empêchant parfois le progrès technique par une réglementation trop étroite des procédés de fabrication. Ils déterminent les éléments du prix de revient, fixent le prix de vente, arrêtent les conditions des transactions : époque et lieu de livraison et de paiement, monnaie de paiement, etc. Ils répriment les fraudes dans les transactions. Par exemple, une guilde des fabricants de parapluie, ayant eu à souffrir de la qualité inférieure des produits mis sur le marché, décida que tous les parapluies seraient fabriqués d'une manière identique et vendus le même prix. Une guilde des teinturiers fixe le prix de la teinture deux fois par an, en raison des nombreuses variations du cours de l'indigo.

Comme les guildes de marchands, les guildes de métiers ont une tendance marquée à donner le pas

(1) Sur les Chambres de métiers, leur fonctionnement, leur action, les propositions de lois qui les concernent, voir : MARCEL BARRAUD, *Les Chambres de métiers en France*. Thèse, Paris, 1925.

aux intérêts corporatifs sur les intérêts des consommateurs et à l'autorité des groupes sur la liberté individuelle de leurs membres. Elles visent assez naturellement au monopole, à l'unification des prix sur la base d'un prix minimum, à la restriction de la libre concurrence et de la liberté de fabrication. Mais elles offrent aux petits patrons et aux ouvriers un appui moral et matériel, elles assurent la qualité des produits, maintiennent le sentiment de l'honneur professionnel et élèvent le niveau moral du travailleur.

Il est intéressant de citer, à ce sujet, un exemple topique de cette haute conception qu'ont les guildes de la dignité du métier, exemple qui témoigne aussi de leur ténacité et de leur influence. La profession de coiffeur est considérée en Chine comme une des plus humbles. Les examens littéraires, qui donnent accès à toutes les fonctions publiques, sont, en principe, ouverts à tous, quelle que soit la condition sociale ou l'origine des candidats; il n'est fait exception que pour quelques professions réputées inférieures, telles que celle d'acteur, d'employé inférieur des yamen, et pour les fils de chanteuses et de courtisanes. Les coiffeurs étaient du nombre et l'accès aux examens leur était interdit, ainsi qu'à leurs descendants jusqu'à la troisième génération. Les coiffeurs de Wentcheou se groupèrent en une guilde et s'efforcèrent de relever le niveau moral et la dignité personnelle dans la corporation; puis ils sollicitèrent l'admission aux examens. Telle est la force de l'opinion et de la tradition que cette prétention fut accueillie par des quolibets et des protestations, si bien que les autorités locales l'écartèrent sans examen. Mais la guilde des coiffeurs porta sa réclamation devant le gouverneur de la province, homme libéral, qui la fit triompher à la Cour de Pékin. Plus tard, au nom de la dignité professionnelle, la guilde interdit à ses membres de masser leurs clients ou de leur nettoyer les oreilles. Un barbier qui avait enfreint cet ordre vit sa boutique saccagée, ses outils et son mobilier jetés à la rue.

Les guildes de métiers savent, elles aussi, user avec profit de la grève contre l'autorité. En 1886, la guilde des menuisiers de Wentcheou s'insurgea contre le supplément de corvées qui lui était réclamé et elle fit afficher le manifeste suivant:

« Notre métier est représenté devant les mandarins par cinq chefs qui entreprennent les travaux publics... Jusqu'à présent, ils se sont conformés à la règle d'exiger de chacun de nous un jour de travail pour les mandarins, pour lequel 100 sous nous étaient payés et trois repas — ou bien nous avions à payer en place de ce service 100 sapèques. Mais maintenant on nous demande du travail supplémentaire, que nous nous refusons à faire, comme nous refusons de payer à la place. »

Les menuisiers de Wentcheou appuyèrent leur résistance d'une grève qui se termina par la renonciation de l'autorité locale à imposer une corvée supplémentaire. Ainsi, dans un domaine qui nous semble bien réservé à la puissance publique, le domaine fiscal, une guilde a réussi à triompher des agents de l'autorité.

*
* *

Les guildes particulières d'ouvriers sont très rares. Parfois les ouvriers se groupent en vue d'obtenir des augmentations de salaires. Leur guilde affecte le même caractère religieux et leurs moyens d'action vont aussi jusqu'à la grève. Les tréfileurs de cuivre de Wentcheou expliquent ainsi la formation de leur guilde, dans le préambule de leur règlement. Ils réclament l'élévation des salaires. « Ils sont, disent-ils, incapables d'entretenir leur famille. » Ils invoquent « la fatigue de leur dur labeur ». C'est pourquoi ils se sont « réunis *devant les dieux*, qu'ils ont honorés par une représentation théâtrale, et ils en sont arrivés à faire les réclamations suivantes... »

La grève est un moyen à peu près infaillible de succès. Elle arrête la vie industrielle et commerciale et est une cause de troubles populaires. Aussi l'autorité s'interpose-t-elle entre les patrons et les ouvriers. Comme ceux-ci sont « trop nombreux pour être fustigés et trop pauvres pour payer une amende » (1), les magistrats font pression sur les patrons, qui capitulent assez facilement. A vrai dire, les ouvriers n'abusent pas de cette puissance de fait. Leurs guildes sont peu fréquentes et ordinairement ils font partie de préférence des guildes d'artisans.

Les banques chinoises se distinguent des banques européennes par leur grand nombre et par le peu d'importance de leur capital et de leurs opérations. La plupart sont de simples établissements de change.

(1) H.-B. MORSE, *op. cit.*, p. 32.

Dans une seule ville, on peut rencontrer, indépendamment des changeurs de rue en étalage, une cinquantaine de maisons se livrant exclusivement aux opérations de change, au capital de 500 à 2.000 taels. D'autres banques font le prêt, l'escompte des effets de commerce, émettent des billets, reçoivent des dépôts, délivrent des lettres de crédit circulaires. Mais elles se spécialisent la plupart du temps dans l'une de ces fonctions et le nombre est peu important des banques d'affaires générales, atteignant un capital de 20.000 à 150.000 taels.

Les opérations de change présentent une grande importance, en raison de la valeur variable des monnaies indigènes. La monnaie populaire est la sapèque de cuivre. Le tael n'est pas une monnaie à taux légal défini ; c'est un poids d'une once d'argent. Les lingots en usage pèsent généralement 5 ou 10 taels, mais le poids du tael et le titre des lingots varient d'une ville à l'autre, parfois même dans la même ville. L'autorité publique n'intervenant pas pour fixer le cours légal des monnaies, ce sont les guildes qui arrêtent l'unité monétaire à employer, comme les unités de poids et de mesures. Les piastres ou dollars, introduits au milieu du XIXe siècle, offrent de grandes variétés de noms et de titres: piastres mexicaines, espagnoles, sud-américaines, piastres frappées par les vice-rois dans les provinces. Dépourvues de valeur nominale légale, ces monnaies varient avec les cours de l'argent et du cuivre et suivant l'offre et la demande.

Les billets de banque, dont l'invention remonte, dit-on, en Chine, au XIVe siècle, ont aussi une valeur variable avec le change. Leur circulation est limitée à la localité, parfois même à la rue où se trouve la banque qui les a émis. Il n'existe pas en Chine de banque privilégiée d'émission. Les banques dites officielles sont plutôt des organismes de centralisation des impôts et des droits de douane que des banques à proprement parler; elles ne font aucune des opérations ordinaires des banques.

Les commissions de change et la spéculation sur le change constituent les bénéfices des nombreuses banques de change. D'autres établissements plus importants prêtent sur garanties personnelles, à des taux moyens de 2 0/0 par mois qui, en périodes de crise, sont montés jusqu'à 10 0/0 par mois, ou sur hypothèque, à intérêt de 1 ou 1 1/2 0/0 par mois.

La plupart des banques chinoises, au capital très modeste et aux opérations très limitées, ont un champ d'action purement local. Quelques établissements seulement pratiquent le change de place à place, l'escompte des effets de commerce et l'émission de lettres de crédit. Les banques du Chan-si ont une situation tout-à-fait exceptionnelle. Grâce à leurs nombreuses succursales, unies par la puissante solidarité de leurs guildes provinciales, elles ont monopolisé les opérations de change importantes entre les grandes villes et avec le Nord de la Chine. Elles reçoivent de nombreux dépôts, moyennant un intérêt peu élevé; elles émettent des lettres de crédit, mais seulement après réception des fonds; elles consentent des prêts sur garanties de premier ordre.

Elles recrutent leur personnel exclusivement parmi les originaires du Chan-si, par les guildes provinciales. Eles ont un service de caisse avec le Trésor chinois. Les autorités provinciales versent à ces banques le produit de certains impôts, destiné au ministère des revenus à Pékin et reçoivent en échange des traites sur les provinces du Nord.

Les guildes de banquiers, tantôt provinciales, tantôt strictement professionnelles, présentent les caractères et suivent dans leur fonctionnement les règles générales que nous avons exposés. Certaines d'entre elles proclament le principe de la libre concurrence. Voici comment s'exprime le préambule du règlement de la guilde des banquiers à Ningpo : « En étudiant le chapitre sur « La richesse par le commerce » de Seuma-Chien, nous avons trouvé des idées sur l'accroissement des richesses, et dans les Annales nous trouvons une puissante remarque de Confucius: « Laisse les producteurs être nombreux et les consommateurs peu nombreux... Qu'il y ait de l'activité dans la production et de l'économie dans la dépense... Ainsi la richesse sera toujours très grande. » La tendance des guildes du Chan-si au monopole des opérations de banque n'est guère en harmonie avec les paroles de Confucius.

Les guildes de banquiers emploient des méthodes variées pour se procurer des ressources. La guilde des banquiers à Ningpo débite chaque mois le compte de chacun de ses membres d'une part égale des dépenses du mois: système très simple, mais assez peu équitable, car la part de chaque membre n'est pas proportionnelle à son chiffre d'affaires.

La guilde des banquiers de Wouhou a organisé un système d'amendes. Chaque membre dépose une garantie de cent taels, somme égale au montant de l'amende infligée pour infraction à telles règles des statuts. Voici, à titre d'exemple, quelques cas où est infligée cette amende de 100 taels : Un membre de la guilde a donné ou accepté un taux de change d'argent autre que le taux de la guilde, ou autre que le taux admis pour les effets de commerce; ou bien il a servi aux clients un autre taux d'intérêt que celui fixé par la guilde; ou il a antidaté ou postdaté des effets, fait des affaires avec un banquier qui n'a pas renouvelé son dépôt après avoir été mis à l'amende, ou encore, par des tractations en sous-main, causé un préjudice à un autre membre de la guilde.

Ces nombreuses amendes montrent avec quelle minutie la guilde précise les règles d'activité de ses membres, taux du change, de l'escompte, de l'intérêt des dépôts, loyauté commerciale.

Il nous a paru intéressant de reproduire dans ses grandes lignes le règlement de la guilde des banquiers de Wouhou. Le préambule, après avoir rappelé la longue existence de la guilde et fait ressortir l'excellence des anciens règlements, signale que certaines irrégularités ont été récemment constatées et qu'il convient d'y apporter remède sans délai. En conséquence, les banquiers ont rédigé le présent règlement, édicté des pénalités en cas d'infraction et ont juré de l'observer :

Article premier. — Dans l'échange du taël en piastres carolus ou mexicaines, les banquiers devront calculer le change au taux affiché par la guilde. Tout banquier donnant ou comptant un taux différent sera puni d'une amende de 100 taels.

Art. 2. — Dans les traites tirées sur Changhaï, le change sera calculé selon le taux de la guilde et le délai limité à sept jours de vue ou à un maximum de douze jours à compter de la date de la traite. Tout banquier donnant ou acceptant à un taux inférieur ou à un délai supérieur sera passible d'une amende de 100 taels.

Les articles 3 et 4 limitent le délai des traites sur Hankeou à dix jours de vue et à un maximum de douze jours de date. Les pénalités sont les mêmes que ci-dessus.

Art. 5. — Chaque banquier devra être présent à la guilde le 15 de chaque mois, pour la fixation du taux du change, de l'intérêt, etc., et son affichage. Toute personne adoptant secrètement un taux différent sera passible d'une amende de 100 taels.

. . . .

Art. 7. — Chaque banquier doit déposer à la guilde 100 taels à intérêt de 3 maces (1) par dix jours. Toute infraction au règlement entraîne pour le banquier la confiscation de son dépôt, affecté au paiement de l'amende. L'intérêt sera payable dans le premier mois de l'année suivante.

Art. 8. — Tout banquier ayant été une fois puni d'amende devra déposer de nouveau 100 taels à la

(1) Le *mace* vaut un centième de tael.

guilde. A défaut de ce dépôt, il sera chassé de la guilde et boycotté. Tout membre de la guilde qui traitera avec un délinquant sera puni d'une amende de 100 taels. (1)

Les guildes de banquiers assurent donc la discipline parmi leurs membres au moyen de sanctions aussi sévères que les autres guildes: l'amende, l'exclusion, le boycottage.

*
* *

Avec les guildes provinciales et professionnelles, nous avons achevé l'étude des associations chinoises les plus importantes par leur puissance financière, leur champ d'action et leurs moyens de coercition.

Aussi, avant de passer à l'exposé de groupements institués en vue de buts différents, convient-il de s'arrêter sur ces puissantes associations et de porter sur elles une appréciation critique.

Chemin faisant, nous avons été amené à rapprocher les guildes chinoises de certaines institutions occidentales. Cette comparaison, même aussi succincte que les limites de ce travail nous ont obligé à la faire, nous semble un des principaux attraits d'une étude portant sur des organismes appartenant à une civilisation différente de la civilisation européenne. Elle nous a déjà montré qu'à travers la diversité des mœurs et des époques, l'humanité répond partout à

(1) Cité par H. FROMAGEOT. *Mémoire sur l'organisation et le rôle des associations ouvrières et marchandes en Chine.*

des besoins identiques par des organes similaires. Il nous a paru intéressant de revenir en concluant sur ces points de contact.

Les guildes provinciales, associations de protection des originaires d'une même province, jouent, à cet égard, un rôle analogue à celui des consuls, chargés de représenter à l'étranger les intérêts des ressortissants de tel Etat. La resemblance est cependant presque superficielle. Le consul protège des individus appartenant à un Etat étranger; la guilde provinciale protège des Chinois, c'est-à-dire des individus du même Etat que les habitants du district où elle fonctionne. Même si l'on passe sur cette différence, en raison des différences de langue, de traditions, de culte qui séparent souvent les habitants des divers districts de l'Empire chinois, en raison de l'immensité de son territoire et de l'autonomie relative qui fait de chaque district, dans une assez large mesure, un Etat distinct, la guilde provinciale se sépare de l'agent consulaire par bien d'autres points.

Le consul est un personnage officiel, accrédité auprès des pouvoirs publics pour remplir sa mission. C'est à la suite d'un accord entre deux gouvernements qu'il exerce ses fonctions; il jouit donc d'une véritable autorité, de pouvoirs sanctionnés par le droit et reconnus par l'Etat de résidence. En outre, le consul appartient lui-même généralement, par sa nationalité, à cet Etat, ce qui facilite l'accomplissement de sa mission.

La guilde provinciale est née de l'initiative privée. Elle s'est constituée entre originaires d'une même province, c'est-à-dire entre individus étrangers à la province de résidence. Elle n'est pas accréditée auprès d'une autorité constituée. C'est donc un organe de défense et d'attaque, qui s'organise lui-même dans un milieu hostile et qui, dépourvu de statut légal, de reconnaissance officielle, de pouvoirs définis, de ressources attribuées, ne doit tirer ses pouvoirs, ses ressources, sa puissance que de l'autorité de ses chefs, de la discipline et de la solidarité de ses membres.

Mais ce qui fait sa faiblesse fait aussi sa force. Car aucune règle légale, aucune disposition diplomatique ou administrative, aucun accord avec des groupements locaux, ne vient limiter son initiative ni son champ d'action. Si la guilde arrive à un certain degré de puissance, elle peut faire ce qu'elle veut, lever les taxes qu'elle veut, acquérir des biens, meubles et immeubles, jouer le rôle d'arbitre, provoquer des grèves, des troubles, sans que l'autorité publique s'en soucie et puisse l'en empêcher.

Cette liberté absolue de l'initiative privée distingue les guildes provinciales, comme les guildes professionnelles, des divers organes de la vie économique occidentale. Elles n'ont pas le caractère officiel des tribunaux consulaires, organes officiels de juridiction, échelons de la hiérarchie judiciaire, investis du pouvoir de rendre des jugements exécutoires, mais soumis au contrôle des tribunaux de droit commun. Elles ne sont pas, comme les chambres de commerce, des établissements publics, dotés d'un statut légal, pourvus de ressources déterminées, de pouvoirs et d'attributions définis, mais soumis au contrôle de l'autorité et limités dans leurs pouvoirs comme dans leur compétence.

De tous ces organismes, elles se séparent encore par leur recrutement. Les chambres de commerce et les tribunaux de commerce sont issus de l'ensemble des professions commerciales. Les guildes provinciales sont composées de compatriotes, commerçants ou non; les guildes professionnelles, de membres d'une profession déterminée, spécialisée. Elles ne comprennent pas que des patrons, mais aussi des employés ou des ouvriers: elles se distinguent par ce trait à la fois des chambres et des tribunaux de commerce, institutions patronales et des syndicats professionnels, dont les rapproche leur caractère privé et spécialisé, mais qui sont rarement mixtes, et le plus souvent soit patronaux, soit ouvriers, et représentent des intérêts de classe, réputés antagonistes et contradictoires.

Si on les envisage au point de vue de leur action, les guildes offrent une physionomie complexe, qui autorise un rapprochement avec les chambres de commerce, les tribunaux de commerce, les syndicats. On pourrait même prolonger ce rapprochement jusqu'aux sociétés de secours mutuels et même aux associations cultuelles, puisqu'elles s'occupent de la construction et de l'entretien des temples, de l'aménagement des cimetières, de secours pour maladie, enterrement, rapatriement, etc...

Les guildes jouent, dans une certaine mesure, le rôle de tribunaux de commerce, puisqu'elles font trancher par des commerçants des litiges commerciaux. Mais leur juridiction est purement arbitrale. Seuls les membres de la guilde sont tenus par son règlement de lui soumettre leurs différends. Si le demandeur est étranger à la guilde, c'est de son libre consentement qu'il portera sa demande devant elle. La décision de l'arbitre n'est pas obligatoire pour les parties, qui peuvent en appeler au tribunal du mandarin.

Comme les chambres de commerce, les guildes interviennent en matière de transactions commerciales. Mais leurs pouvoirs et leur compétence sont beaucoup plus étendus. Les chambres de commerce n'ont guère que des attributions consultatives; les guildes prennent des décisions obligatoires pour leurs membres, sous peine de sanctions sévères. Elles réglementent des matières qui dépassent la compétence de nos chambres de commerce et seraient du ressort du législateur, telles que les mesures et les monnaies. Elles sont à la fois un Parlement et une Administration en matière économique.

Cette compétence étendue les distingue aussi des syndicats limités à la défense des intérêts professionnels proprement dits. Un syndicat s'occupera bien de l'apprentissage, de l'enseignement technique: il émettra des vœux en matière économique, commerciale ou industrielle, mais il n'édictera jamais de mesures comme la fixation des poids, des monnaies, des prix.

Sur ce dernier point, à savoir la détermination des conditions de vente, et notamment d'un prix minimum, dont les guildes marchandes et certaines guildes provinciales font un si fréquent usage, en vue de ruiner des concurrents et d'instituer un monopole, ces associations jouent un rôle analogue à celui des ententes entre producteurs des comptoirs français et des cartels allemands. Sans aller jusqu'à la constitution d'un bureau de vente qui absorbe la fonction commerciale de leurs membres, et les empêche de tourner frauduleusement les dispositions prises, les guildes obtiennent par la fixation d'un prix minimum, grâce à l'étroite discipline qui unit leurs membres et aux sanctions sévères qui les menacent en cas d'infraction, le même résultat: un monopole au profit de l'association.

Ces sanctions les rapprochent des syndicats, dont d'autres caractères les séparaient. La mise à l'index, le boycottage, la grève sont des armes dont usent volontiers les syndicats ouvriers, voire les syndicats patronaux. Guildes et syndicats se rencontrent ici sur un terrain commun et c'est le principal secret de la puissance de ces groupements privés.

Il faut d'ailleurs ajouter qu'ils n'en font pas toujours le même usage. Les grèves et les violences qui les accompagnent, le boycottage, sont, pour les militants syndicalistes, une arme politique, révolutionnaire, autant que corporative. Malgré la limite apportée à leur activité par la loi du 21 mars 1884, certains milieux voient dans le groupement syndical et intersyndical un moyen de préparer la révolution sociale. Les guildes chinoises ignorent totalement cet objet. Nous avons pu les voir employer la grève contre des mesures prises par l'autorité en matière économique, fiscale (corvées) ou religieuse, mais elles ne sortent pas de ce domaine et ne s'attaquent jamais au pouvoir politique ou administratif.

Pour terminer la comparaison des guildes et des syndicats, signalons deux autres points de contact intéressants. Par le jeu de la convention collective, les syndicats professionnels interviennent de plus en plus dans la réglementation générale du travail et dans le règlement pacifique des conflits ouvriers. Dans les conventions collectives auxquelles ils sont parties, les syndicats introduisent généralement une clause d'arbitrage et, au cas où un conflit a éclaté, ils s'efforcent de le faire résoudre arbitralement. Cette tendance est bien conforme à la pratique habituelle des guildes chinoises, dont les règlements contiennent toujours une clause d'arbitrage, comportant d'ailleurs des sanctions dont sont dépourvues les conventions collectives.

D'autre part, les conventions collectives préparées par les syndicats tendent à superposer au contrat individuel de travail la réglementation collective. Le législateur a favorisé ce mouvement, d'abord en consacrant la convention collective, puis en déléguant à des organismes spéciaux le pouvoir de préparer les mesures d'application de certaines lois (fixation du salaire minimum dans les industries du vêtement à domicile; journée de huit heures). Il y a, dans ce qu'on a appelé cette législation secondaire, quelque chose qui rapproche les syndicats professionnels des guildes chinoises. Sans doute les différences sont-elles nombreuses et importantes. Ces mesures ne sont que préparatoires et un acte administratif doit leur donner la force exécutoire, tandis que les guildes prennent des décisions et les sanctionnent. La mesure n'émane pas directement d'un syndicat; il n'est que partie à une convention, qui exige l'accord d'une autre partie. Enfin, l'exercice de cette faculté se limite à la réglementation du travail, tandis que la guilde réglemente seule, directement, l'ensemble de l'activité commerciale et économique.

Malgré ces différences essentielles, il importe de faire ressortir ce trait commun capital: par voie unilatérale ou par voie contractuelle, par le jeu de l'initiative privée ou par délégation du législateur, par voie de décision ou par voie de proposition, les guildes et les syndicats exercent une sorte de pouvoir législatif, réglementaire, général et permanent. Dans un cas comme dans l'autre, les professionnels débattent eux-mêmes leurs propres intérêts. Il y a dans cette tendance législative en France un aspect d'un mouvement d'idées plus large, qui préconise, à côté de la représentation politique par un Parlement législatif, la représentation des intérêts professionnels par des Parlements élus par les intéressés, véritables Parlements économiques.

Il est curieux de noter que cette tendance s'est fait jour en Chine depuis plusieurs siècles et que le libre jeu de l'association a tendu à réaliser, à la place du législateur et de l'administration, une complète autonomie des intérêts économiques et professionnels.

Cette méthode offre le précieux avantage de confier à des compétences la réglementation des questions économiques. Des marchands sont évidemment mieux qualifiés que des hommes politiques pour fixer les conditions des transactions commerciales dans telle ou telle profession, pour régler les relations entre les commerçants, entre les patrons et leurs employés. Cette réglementation est, en outre, plus souple, moins rigide, plus facile à adapter aux circonstances économiques qu'une législation soumise, pour ses modifications, aux lenteurs de la procédure parlementaire.

L'action des guildes était d'ailleurs une nécessité en Chine, où il fallait bien établir des règles pour la conduite des affaires, fixer des usages commerciaux, régler l'emploi des mesures, des poids et des monnaies. La question ne se présentait donc pas, comme en France, sous l'aspect d'une réaction contre un Parlement politique, mais comme une lacune législative à combler en matière économique et commerciale.

Les guildes ont ainsi introduit dans les affaires une uniformité, une stabilité indispensables au commerce, conditions mêmes de la loyauté et de la bonne foi dans les transactions commerciales et garanties contre les surprises et le dol. Par les règlements corporatifs proprement dits, elles ont aussi stabilisé les relations entre patrons et employés ou apprentis. Enfin, par la fixation de prix, elles ont régularisé les conditions de la concurrence.

Cette stabilité est un élément de sécurité et de paix sociale. Il ne faut pas, cependant, s'en exagérer les effets. Quelle que soit la puissance de certaines guildes, l'esprit d'association s'accompagne en Chine d'un esprit particulariste, qui semblerait de prime abord en contradiction avec lui. Des Chinois s'associent d'après leur origine, ou d'après leur profession, ou d'après leur communauté d'origine et de profession. Mais le mouvement associatif ne va guère plus loin. Les unions de guildes sont extrêmement rares. L'esprit particulariste qui anime les associations les empêche d'englober des éléments différents, de s'affilier avec d'autres. L'association ne tend pas en Chine, comme en France, à une généralisation croissante.

Ce lien de communauté d'origine et de profession, qui maintient entre les membres d'une association une étroite solidarité, une compréhension exacte des intérêts communs, donne naissance à cet admirable esprit de discipline si remarquables dans les guildes chinoises. Mais qu'un groupement relâche les conditions de son recrutement, s'affilie à des groupements similaires, qu'il perde, en un mot, son caractère particulariste et l'on verra s'affaiblir la solidarité que donne une étroite communauté d'intérêts. Peut-être alors le groupement gagnera-t-il en force par la loi du nombre, mais son action perdra sa précision, sa spécialisation et la solidarité du groupe en souffrira. Et c'est là ce que les guildes chinoises, poussées par un instinct particulariste, semblent avoir toujours cherché à éviter.

CHAPITRE IV

LES ASSOCIATIONS D'ADMINISTRATION ET DE SÉCURITÉ LOCALE

L'étude des guildes provinciales et professionnelles nous a montré comment la pratique de l'association permet aux Chinois de suppléer à l'abstention des pouvoirs publics en matière économique. La faiblesse de l'autorité du gouvernement central, l'étendue du territoire chinois, la conception qui réduisait au minimum l'intervention administrative, avaient pour conséquence bien souvent la négligence ou l'indifférence des mandarins locaux et contraignaient les administrés à compter surtout sur eux-mêmes. Aussi, ce sont des associations d'initiative privée, les communes, qui assurent la vie municipale dans les villages, et ce sont d'autres associations privées, aussi diverses que nombreuses, qui sont souvent chargées de faire la police et de procurer la sécurité aux habitants.

Nous étudierons successivement, dans ce chapitre, les communes, puis les associations de sécurité: milices, associations de veilles nocturnes, de garde des moissons et de pompiers.

§ 1er. — LES COMMUNES

A la différence des clans, associations privées reposant sur le fait naturel de la parenté, les communes semblent avoir été, à l'origine, des groupements officiels obligatoires, constitués par l'Etat en dehors de tout consentement des intéressés, dans un but administratif, pour faciliter la perception de l'impôt, le recrutement de l'armée, l'exercice de la police et l'exécution des corvées. Mais sous cette forme, les communes étaient depuis longtemps tombées en désuétude, lorsqu'elles réapparurent au XIe siècle avec un esprit tout différent.

Les communes nouvelles, à la différence des communes françaises au XIIe siècle, ne sont pas nées d'une charte arrachée à un seigneur ou octroyée par lui. Elles se sont constituées par libre contrat, sans intervention de l'autorité, sans empiètement sur ses prérogatives, entre individus qui poursuivaient un but de protection commune.

Les préambules, dont plusieurs ont été rédigés par des sages de l'école des Song, accusent le but moral, religieux et mutualiste de ces associations. Des familles voisines se réunissent par cinq ou par dix, se promettant « de s'exciter à la vertu, de reprendre mutuellement leurs fautes, d'user des rites dans leurs rapports, de se venir en aide dans la détresse. » Des registres sont ouverts, où sont inscrits les noms des membres, leurs bonnes actions et leurs fautes. La commune choisit comme siège une bonzerie ou un temple taoïste, dont elle adopte les dieux pour patrons.

Les communes forment des groupements de composition régulière : elles comprennent cinq familles ou dix familles, avec des quinteniers et des dizeniers à leur tête; puis ces associations s'affilient par dix, avec un centenier; enfin toutes les associations d'un même village se réunissent en une commune, dirigée par un syndic, choisi en sa qualité d'ancien fonctionnaire ou de lettré, ou en raison de son âge et de son expérience. Dans le Nord et le Centre de la Chine, presque tous les villages ont leur commune.

Comme les clans, les communes sont des associations exclusivement rurales. Elles comprennent tous les habitants du village, non seulement les chefs de famille, mais tous les adultes mâles, même *alieni juris,* même les femmes, si elles ne sont pas en puissance et si elles ne sont pas représentées par un fils; en font partie tous les individus, quelle que soit leur profession, cultivateurs, propriétaires, fermiers ou autres.

La commune a, d'ailleurs, cessé d'être en fait une association libre. C'est un groupement obligatoire ; tout habitant est tenu d'en faire partie, sous peine de ne plus résider dans le village, où la vie lui serait impossible. Mais cette obligation n'est pas d'origine officielle et administrative ; c'est la commune qui l'impose, pour qu'aucun des membres du groupe ne puisse se dérober à ses charges, tout en bénéficiant des avantages qu'elle procure.

Aussi ceux mêmes qui ne participent pas aux délibérations, les femmes et les aubains, doivent-ils, tout comme les autres habitants, acquitter les taxes, puisqu'ils jouissent de la protection de la commune. En vertu du particularisme local, la commune n'est ouverte de droit qu'à ceux qui sont nés dans le village ou dont la famille en est originaire. Elle ignore, comme notre ancien droit, les aubains, ceux qui viennent d'autres villages. Elle ne leur doit rien et peut leur refuser la terre et l'eau, c'est-à-dire la résidence. Ils ne peuvent s'établir qu'en vertu d'une concession précaire et révocable et c'est seulement au bout de vingt ans de séjour que leurs enfants reçoivent le droit de passer les examens. La différence n'est effacée et l'assimilation n'est complète en fait qu'au bout de plusieurs générations.

La commune n'a pas d'organisation constitutionnelle définie. En principe, tous les habitants du village, pauvres et riches, mandarins retirés, propriétaires, fermiers, vivent sur le pied d'égalité. Les chefs sont ceux qui ont le prestige naturel de l'âge, du savoir, de la parole facile ou de la fortune. Ils sont désignés sans vote précis, par un accord général mal défini. Leur pouvoir ne résulte pas d'un règlement, mais uniquement de leur influence personnelle. Il n'y a pas davantage d'assemblée délibérante au sens moderne de l'expression. Les membres de la commune se réunissent, le cas échéant, pour discuter une question. Les syndics n'ont pas le pouvoir de diriger ni de clore les débats, qui se terminent, non pas par un vote émis à la majorité, mais par une sorte d'avis exprimant l'opinion générale, plus ou moins unanime, exclusive d'une opposition marquée, qui rendrait toute décision impossible.

Les fonctions de la commune sont multiples. Comme toute association chinoise, l'une de ses principales préoccupations est le culte. Elle a son temple, édifié à frais communs ou grâce aux libéralités de membres fortunés. La bonzerie est le centre du village; elle sert de lieu de réunion à l'assemblée communale et les terres et bâtiments qui la composent appartiennent à la commune, qui choisit le bonze. Elle organise en l'honneur des dieux, pour obtenir leur protection à ses morts, un temps favorable à l'agriculture et de bonnes récoltes, des fêtes, des processions, des représentations théâtrales.

Ces fêtes religieuses sont une cause fréquente de conflits entre chrétiens et non-chrétiens. Les chrétiens tiennent à demeurer dans la commune ; ils paient régulièrement les taxes, sauf celles qui concernent des pratiques religieuses: les traités avec la France les autorisent à ne pas les acquitter. Le différend dure souvent pendant des années et, comme l'intervention de l'autorité dans les affaires de la commune est mal accueillie, la solution de fait est souvent une scission de la commune pour le culte en deux fractions, chrétiens et non-chrétiens.

La commune lève des taxes, parfois sur la proposition du chef du district, le plus souvent sur l'initiative de ses membres, pour subvenir aux dépenses d'intérêt commun, telles que construction ou réparation des temples, destruction des sauterelles, entretien des digues et des canaux, etc...

La commune exerce aussi la police sur son territoire. Elle arrête, expulse, punit et bâtonne les vagabonds et les voleurs, sans que l'autorité se préoccupe de ce pouvoir pénal, même si la bastonnade entraîne la mort. La commune autorise les aubains à résider ou les chasse. Elle assure la garde des moissons et réglemente les conditions du pâturage.

Le principe de la solidarité du groupe et la conception de la psychologie chinoise, d'après laquelle chaque individu est responsable des exemples qu'il donne et des actes de tous les membres du groupe, expliquent la juridiction instinctive et collective du village, où chacun a le droit et le devoir de surveiller les actes de tous. Elle s'exprime par la juridiction des chefs de la commune, dont le pouvoir d'arbitrage s'exerce non seulement sur les différends de famille ou de voisinage, mais même en matière pénale. Les membres de la commune s'efforcent d'écarter la juridiction du sous-préfet et de régler entre eux-mêmes les questions de vol et de meurtre. On peut voir, dans l'arbitrage communal étendu à ces hypothèses, un vestige de la justice privée, qui règle les conflits en dehors de toute intervention de l'Etat et qui constitue, sous la forme de l'arbitrage, un premier exemple d'une règle de droit substituée à la guerre privée entre les familles.

Bien qu'elle entende conserver jalousement son indépendance à l'égard de l'Etat, la commune est devenue, dans une certaine mesure, un rouage du gouvernement, reconnu en fait par lui. L'Etat, qui s'était efforcé, sans y réussir, de rendre aux associations rurales de familles leur ancien caractère d'organes obligatoires auxiliaires de l'Administration, s'est appuyé sur leur organisation pour faciliter son action. Les quinteniers, les dizeniers sont devenus des agents du sous-préfet. Ces fonctionnaires subalternes, choisis parmi les individus les plus pauvres et les moins considérés, ont une position sociale des plus humble: ils figurent sur la liste de ceux qui ne peuvent se présenter aux examens. Ils vivent d'un salaire minime qu'ils reçoivent du yamen et des sommes qu'ils réussissent à extorquer aux familles. Ils jouent au prétoire du mandarin le rôle de témoins privilégiés, dont la déposition jouit d'une autorité particulière; ils arrêtent les criminels et exécutent les mandats d'amener, sous leur responsabilité. Ce sont aussi des sortes de fourriers, chargés, si le magistrat vient à faire une enquête dans le village, s'il faut exécuter une corvée pour le transport d'un mandarin qui voyage ou pour réparer une digue, de trouver les logements, de fournir les hommes ou les bêtes de somme nécessaires. Ils poursuivent aussi les contribuables en retard, car la solidarité du village pour le recouvrement de l'impôt n'est pas admise en Chine; ils lèvent les taxes communales prescrites par le chef du district; ils font cultiver par les habitants les terres en friche, sous leur responsabilité.

Ainsi les communes, répandues surtout dans les provinces du Nord, plus proches du pouvoir central, et soumises à des invasions fréquentes, n'entravent en aucune manière l'action de l'autorité; tout au contraire, elles servent de moyen de gouvernement. La solidarité de leurs membres permet souvent au gouvernement central d'exercer jusque dans le plus petit village une action efficace.

***

§ 2. — LES ASSOCIATIONS DE SECURITE

A la tête d'un district comprenant quatre ou cinq cents villages répartis sur un diamètre de quarante à cinquante kilomètres et comptant une population de trois ou quatre cent mille habitants, il n'y a qu'un seul fonctionnaire. Il est chargé de la perception des impôts directs et indirects, de la justice civile, correctionnelle et criminelle; il est à la fois sous-préfet et percepteur et même, par surcroît, greffier, avoué et notaire. Il lui est impossible d'assurer effectivement l'ordre et la paix, d'autant plus qu'il ne dispose pas de troupes.

Aussi, pour se défendre contre les incursions des bandits, les habitants sont-ils amenés à se constituer en véritables gardes civiques. Le recrutement, l'armement, les mouvements de ces milices sont indépendants du contrôle de l'administration civile ou militaire. Les mandarins n'interviennent en aucune manière dans leur constitution et dans leur fonctionnement. Mais la liberté se combine si bien chez le Chinois avec le respect de l'autorité que le groupement offre au chef du district la présidence d'honneur et lui soumet spontanément ses plans. Ce sont les notables qui prennent l'initiative de l'organisation; ils se réservent le commandement des troupes; ils rédigent les statuts de l'association et, se transportant de village en village, ils les font adopter par acclamation par les populations. Les hommes sont enrôlés sous les drapeaux et les frais d'équipement et d'entretien sont couverts par des contributions des familles qui ne fournissent pas de soldats. Les familles riches, plus intéressées au maintien de la paix ou à la répression du brigandage, achètent assez spontanément à leurs frais les canons, les fusils et les munitions, qui, pendant les campagnes, sont à la disposition des milices et sont rendues à la paix à leurs propriétaires.

Malgré l'esprit peu militaire bien connu des Chinois, l'attitude des habitants est généralement plus courageuse quand ils combattent dans les milices que lorsqu'ils sont enrôlés dans les troupes impériales et ils ont ainsi plus d'une fois repoussé des bandes devant lesquelles les bataillons de l'Empire s'étaient enfuis. Cette attitude différente s'explique fort bien, lorsqu'on connaît l'esprit particulariste des Chinois. Le gouvernement impérial payait mal ses soldats, les recrutait dans les bas-fonds de la société et mettait la plupart du temps à leur tête des généraux cupides, incapables et lâches. Dans les milices, les habitants d'un district ont leurs propres chefs, et ils savent qu'ils se battent pour leur intérêt local et personnel.

***

D'un caractère plus local encore sont les associations de veilles nocturnes. Elles remonteraient à la dynastie Chang (XVIIIe au XVe siècle avant J.-C.). Elles avaient alors un caractère officiel et étaient organisées par les mandarins civils, tant à la porte de leur tribunal que sur les grandes voies de communication. Certain mandarin, chargé à cette époque d'établir les postes de surveillance, aurait même inventé une sorte de télégraphe optique, composé d'une tour de vingt pieds surmontée d'une guérite servant d'observatoire et dont le surveillant, en cas de trouble, allumait un fourneau avec des fagots séchés, qui produisaient en brûlant une épaisse fumée blanche. Ces signaux, au dire des Chinois, pouvaient en une journée, se transmettre sur une distance de quatre-vingts lieues.

L'exemple officiel fut imité par le peuple, et, aujourd'hui encore, beaucoup de villages ont leur association de gardes nocturnes. Ici encore, l'intérêt personnel apparaît plus puissant que l'intérêt général: tandis que les veilleurs de l'empereur s'assoupissaient plus d'une fois, laissant les enfants ou les mauvais plaisants donner de fausses alertes en allumant les fourneaux, le veilleur des associations de gardes, sachant qu'il y va de la protection de son propre foyer, ne songe pas à tromper les voisins qui comptent sur sa garde et à s'endormir.

D'ailleurs le moyen de contrôle est simple : pour bien montrer aux protégés, comme aux voleurs, qu'ils font bonne garde, les veilleurs passent la nuit à crier à tue-tête, en s'accompagnant du tam-tam.

Ces associations de veilleurs rendent surtout des services dans les campagnes. Dans les villes, les veilleurs sont presque toujours des joueurs et des désœuvrés, parfois des parents, amis ou associés de voleurs, qui les laissent faire, à la condition d'être remplacés à leur tour par eux, afin d'opérer pour leur propre compte.

Les veilleurs ont choisi pour patron Che-Ming-Louo-Han, maraudeur converti qui racheta ses fautes en veillant spontanément et gratuitement sur les récoltes.

***

Les sociétés de sécurité affectent encore une troisième forme, locale et temporaire, celle des associations de garde des moissons.

Contre les maraudeurs et les vagabonds, les habitants n'ont aucune protection. Aussi cherchent-ils dans l'association un moyen de sauvegarde. Ils se réunissent, à l'époque des moissons, à un ou plusieurs villages, sur la place publique. L'assemblée, composée de tous les chefs de famille riches ou pauvres, savants ou ignorants, désigne un conseil d'administration chargé d'organiser l'association. Elle se met sous la protection du général Kouang-Kong, dont les fêtes sont célébrées par des pétards et des coups de fusil.

Voici le règlement établi par l'une de ces associations de garde de moissons. Les règles des veilles, les sanctions contre la négligence des veilleurs, leur recrutement, l'organisation financière y sont minutieusement prévus.

« Les fonds de l'association sont recueillis au prorata de la fortune de chaque intéressé et ne pourront jamais dépasser les deux dixièmes de l'impôt foncier qu'il paie au gouvernement. Les veuves et les vieillards sans enfants majeurs sont exempts de toute contribution.

La garde sera faite de nuit seulement, et depuis la deuxième veille jusqu'à la cinquième (de huit heures du soir jusqu'à cinq heures du matin). Il est absolument défendu de se servir d'étrangers pour la surveillance nocturne. Les familles pauvres ou peu aisées auront le droit de faire agréer comme veilleurs le chef de la maison, s'il ne dépasse pas la cinquantaine, et les enfants, pourvu qu'ils aient atteint l'âge de dix-neuf ans, et jouissent d'une bonne réputation.

Le salaire de chaque veilleur est fixé à deux cents sapèques par jour. Il est sévèrement interdit à ceux qui sont de quart d'avoir avec eux une couverture, une peau de mouton ou toute autre espèce d'habit capable de provoquer le sommeil.

L'usage de la pipe est louable, car, outre qu'elle occupe agréablement et dissipe le sommeil, elle a aussi parfois l'avantage d'effrayer les maraudeurs; quand le fumeur bat le briquet, ceux qui se seraient glissés dans les champs avec le dessein de commettre un vol pourront apercevoir le feu et sauront par là que les gardes ne sont pas endormis.

Chaque veilleur aura à la main une houlette ou une petite bêche, portera en bandoulière une gourde remplie de chaux détrempée, ainsi qu'un gros pinceau en poil de porc: la houlette servira à faire, de distance en distance, sur le bord du chemin, de petits amas de terre gros comme des taupinières, qu'il badigeonnera d'une légère couche de chaux. De cette manière, quand, chaque matin, quelqu'un des membres du conseil ira faire sa tournée d'inspection, il lui sera facile de constater la fidélité des gardes. Pour éviter toute confusion, les taupinières seront détruites à chaque inspection.

Si les gardes réussissent à arrêter un voleur, il leur sera compté un supplément de cinq cents sapèques. Si, au contraire, quelqu'un des habitants du village était victime d'un vol qui lui causât un dommage de deux mille sapèques (5 francs), les hommes de garde seront condamnés à lui payer la moitié de la perte qu'il a éprouvée. Il peut arriver qu'un voleur, pris en flagrant délit, soit étranger au village où est établie l'Association des céréales ; dans ce cas, outre l'indemnité due au propriétaire dépouillé, on le condamnera à payer au trésorier de l'association la modeste somme de huit ou dix mille sapèques. Si le voleur n'est pas un étranger, l'amende ne sera que de cinq mille sapèques, mais, dès ce jour, on le privera de ses droits de citoyen, en l'excluant des veilles aussi bien que des délibérations de l'association. Si le voleur, étranger ou non au village, refusait de payer l'indemnité qu'on lui a imposée, alors tous les membres du conseil le traduiraient en police correctionnelle. » (1)

***

Dans un ordre d'idées un peu différent, on peut rattacher aux associations de sécurité, destinées à suppléer à l'inertie des pouvoirs publics, les sociétés de pompiers.

A l'origine, les corps de pompiers privés étaient estimés pour leur courage et leur dévouement. Les membres de l'association se recrutaient parmi les habitants d'une honorabilité notoire et les statuts récompensaient l'accomplissement du devoir par d'heureuses dispositions. Les hommes blessés dans l'exercice de leurs fonctions restaient à la charge de la compagnie jusqu'à leur complet rétablissement. En cas de décès d'un membre de l'association au cours d'un incendie, son père, sa mère, sa femme et ses enfants devaient être nourris et entretenus, pendant vingt ans, aux frais de l'association, au moyen de cotisations.

Les compagnies de pompiers ont choisi pour patron Hoai-Lou, fils de Chen-Nong, deuxième empereur de la Chine (2700 ans avant J. C.), inventeur d'une espèce de briquet en fer. Ils célèbrent sa fête, le troisième jour de la troisième lune, par des chants, des comédies, des banquets et surtout par de nombreuses libations.

Les corps de pompiers n'ont pas conservé leur réputation de dévouement et d'honnêteté. Leur recru-

(1) Cité par le P. Leboucq, *op. cit.*, p. 169-171.

tement est devenu souvent défectueux. Ils sont choisis dans les bas-fonds de la société, parmi les maraudeurs et les gens pourvus de plus d'audace que de scrupule. Ils atteignent fréquemment le nombre de deux ou trois cents et certaines villes, comme Tien-Tsin, en comptent près de cinq mille. Ce sont alors de véritables puissances, avec lesquelles l'autorité et les particuliers ont à compter. On leur impute nombre d'incendies volontaires. Si leurs exigences ne sont pas acceptées, ils se mettent en grève; ou bien, si l'incendie éclate chez des gens riches, banquiers, marchands d'opium, ou bien dans des dépôts de sel ou des monts-de-piété, ils ne commencent leur service qu'après s'être fait payer une note plus ou moins fantaisiste, mais toujours élevée.

Les associations que nous venons de passer en revue sont d'intéressantes manifestations de l'action collective des individus en vue de compléter les lacunes de l'action administrative. Mais constituées en dehors et à côté de l'administration, elles demeurent respectueuses de l'autorité locale ou supérieure. Les associations de veilleurs, de gardes de moissons sont exclusivement locales et assurent une police de sauvegarde d'intérêts privés. Seules les associations de milices, qui réunissent tous les habitants d'un district, qui ont des armes, des munitions et des chefs, pourraient être dangereuses pour le gouvernement et constituer des foyers de résistance. En fait, nous l'avons vu, elles s'en tiennent à la défense privée et ne créent pas de difficultés aux autorités locales.

⁂

Les sociétés de procès sont, au contraire, des ligues, à vrai dire exclusivement défensives, contre les abus de l'autorité. Le mandarin parfois est un homme faible, qui écoute volontiers les riches et les puissants et, le sachant, les notables, surtout s'ils ont quelque grade de lettré, sont facilement portés à abuser de leur fortune ou de leur prestige au détriment des faibles. Le peuple, parfois, se révolte et des villages entiers, réunis dans un élan de solidarité, vont porter le trouble, l'incendie et la destruction à l'habitation du puissant.

Pour se protéger contre les dénis de justice ou les abus des puissants et de l'autorité, sans recourir à des moyens aussi extrêmes, les honnêtes gens constituent entre eux des associations défensives qui, sans vouloir attaquer personne, se déclarent résolues à ne pas laisser molester leurs membres.

L'Association a ses chefs, son conseil d'administration, ses statuts administratifs et financiers, ses assemblées générales. Deux fois par an, chaque membre apporte une contribution en espèces ou en nature, qu'une agression ait eu lieu ou non. Le jour où un particulier se fie sur sa puissance pour chercher chicane à un membre de l'Association, celle-ci se dresse tout entière et ses membres se présentent en masse au tribunal du magistrat. Cette intervention peut donner à réfléchir aux plaideurs de mauvaise foi ou faire pencher définitivement du côté de la justice un mandarin peu scrupuleux et hésitant.

L'Association des procès honore comme patron Leou-Pan, fondateur de la dynastie des Han (200 ans environ av. J. C.) qui, après avoir été, avant son avènement, un aventurier et un chef de pillards, devint un réformateur et codifia les lois de la Chine.

*
* *

Avec les communes et les associations dites de sécurité, nous avons terminé l'étude des groupements destinés à procurer aux individus, par la force de l'union et de l'organisation, les avantages d'ordre économique et d'ordre public que les peuples occidentaux demandent ordinairement, même dans les conceptions les plus libérales, à l'action des pouvoirs publics. A la base de toutes ces associations se retrouve un principe de défense mutuelle. Chaque membre aliène de sa propre volonté une partie de son indépendance, de son autonomie financière, commerciale ou de sa liberté d'action, pour assurer aux autres une certaine protection, attendant en retour que, moyennant un sacrifice égal de leur liberté, ils lui procurent la même protection.

CHAPITRE V

LES ASSOCIATIONS DE SECOURS MUTUELS

Le principe mutualiste qui s'affirme dans toute association chinoise et assure, par exemple, aux membres des guildes du travail, des secours d'indigence et de maladie, une sépulture en cas de décès, est à la base de véritables sociétés d'assistance, d'assurance et de prévoyance, dont nous allons décrire le fonctionnement et l'action. La Chine impériale ne connaissait ni puissantes compagnies d'assurances, ni sociétés de secours mutuels contrôlées par l'Etat, ni assistance publique organisée par les communes. L'esprit associatif et mutualiste des Chinois a su remédier à ces lacunes par une multitude de petites associations privées, sociétés d'argent, sociétés d'assurances dotales, associations du deuil.

***

Les sociétés d'argent ou de sapèques sont parmi les plus connues. Malgré l'infatigable activité des Chinois dans la culture de leurs terres et leur étonnante sobriété, le rendement n'est pas toujours suffisant pour nourrir des familles très nombreuses et leur permettre de supporter les dépenses imprévues : maladies, décès, mariages, procès, etc. Les banques ne prêtent qu'à intérêt de 3 ou 5 % par mois ; elles exigent des garanties de solvabilité. Les prêteurs à la petite semaine, les usuriers, exigent jusqu'à 5 ou 10 % par mois, pour se couvrir des risques d'insolvabilité et parce qu'aucun contrôle légal et aucun maximum du taux de l'intérêt ne les arrête.

Les Chinois recourent souvent, pour se procurer de l'argent, aux monts-de-piété et comme cette institution est assez originale et extrêmement employée, il n'est pas inutile d'en dire ici quelques mots. Les monts-de-piété chinois n'ont pas le caractère philanthropique ou administratif des établissements français de même nom. Leur nom se traduit plus exactement par celui de magasin de prêts sur gages. Ils ne prêtent pas seulement sur des objets personnels, mais sur des marchandises ; ils jouent le rôle d'instruments de crédit commercial, ce qui les rapproche des banques et ils jouent un rôle fort important dans la vie économique chinoise.

Comme l'autorité publique n'intervient pas en matière commerciale, les monts-de-piété se créent et fonctionnent avec une entière liberté. Les administrateurs doivent simplement prévenir le mandarin de l'ouverture ou de la fermeture trois mois à l'avance. Aussi ces établissements sont-ils très nombreux.

L'origine des monts-de-piété est très ancienne : il

en existait plusieurs siècles avant l'ère chrétienne et leur création fut sans doute inspirée par une idée d'assistance. Ils ont longtemps aussi servi de banques de dépôts pour les épargnes des capitalistes. Des prêteurs d'argent, doublés de philanthropes, fournissaient des fonds à faible intérêt, à charge par les monts-de-piété de n'exiger des clients qu'un taux de 8 à 10 % par an, afin d'aider les classes pauvres.

Le taux d'intérêt des prêts consentis par les monts-de-piété varie de 1 à 3 % par mois. Le délai de remboursement est de 2 à 3 ans. Si le gage est vendu, à défaut de remboursement, le mont-de-piété doit compte à l'emprunteur du prix de vente et des intérêts payés. Souvent l'engagiste, trop pauvre pour acquitter les intérêts, abandonne d'avance la propriété du gage, pour le cas où il ne serait pas en mesure de le rembourser à l'expiration du prêt. L'établissement lui doit alors le tiers de la valeur.

Les monts-de-piété ont vite perdu tout caractère philanthropique et leurs tenanciers n'ont pour souci que de réaliser le plus vite possible les plus gros bénéfices. Aussi sont-ils mal vus de l'opinion publique et les mandarins, sûrs de n'être pas désapprouvés par l'autorité supérieure, ne se gênent pas pour les pressurer.

Bien qu'ils recourent souvent à leurs offices, les Chinois exècrent les monts-de-piétié et, comme ils joignent à une vive intelligence des affaires commerciales et au goût de l'agiotage l'esprit associatif, ils se passent volontiers de ces intermédiaires onéreux, comme des établissements de banques et des usuriers et constituent entre eux des sociétés mutuelles de prêt d'argent. Ils introduisent ainsi, dans une transaction purement commerciale, un élément nouveau: l'amitié.

Un individu pressé par un besoin d'argent momentané adresse sur papier rouge une invitation à dîner aux familles de son village ou des villages voisins avec lesquelles il est en bons termes. Bien que les invités devinent le but de cette démarche, ils ne déclinent pas l'invitation. Après un bon et gai repas, où l'on parle de tous autres sujets, le maître de la maison remercie et complimente ses hôtes et expose sa situation financière.

La société des sapèques est aussitôt constituée, sans difficultés ni formalités. Si l'emprunteur a besoin de cent mille sapèques (350 francs environ) et que les associés soient au nombre de dix, chacun d'eux verse dix mille sapèques et la durée de la société est fixée à dix ans (ou à dix mois), pour que chaque associé puisse en bénéficier à son tour.

A la fin de la première année, le président de l'association, autrement dit le premier emprunteur, réunit ses confrères en un nouveau dîner. Le total des mises est attribué à un autre des membres, soit à celui qui est désigné par le sort, soit à celui qui offre l'intérêt le plus élevé. Chacun des membres paie sa cotisation, déduction faite de l'intérêt, seul le premier emprunteur paie sa cotisation complète.

Les années suivantes, on recommence. Chaque

membre à son tour bénéficie de la totalité des mises et ceux qui ont été les précédents emprunteurs paient la cotisation complète, sans déduction d'intérêt, à tous les renouvellements successifs jusqu'à la fin de l'association.

Ainsi les associés sont mutuellement prêteurs et emprunteurs les uns des autres. Les emprunteurs versent un total d'intérêts d'autant plus élevé qu'ils ont bénéficié plus tôt des mises de leurs associés. Le dernier bénéficiaire touche l'intégralité des mises sans déduction d'intérêt, alors qu'il n'a versé, pendant toute la durée de l'association, que des mises diminuées des intérêts.

Ces mutualités ont des formes très variables. Il arrive que les habitants de plusieurs villages se réunissent et forment ce qu'ils appellent une asociation des céréales. Un conseil d'administration est nommé. Chaque membre apporte un sac ou un demi-sac de grain. Les chefs de famille qui ont récolté juste assez pour nourrir leur famille sont admis à apporter des objets de luxe, datent généralement de leurs noces, un habit, une paire de chandeliers, une théière, des tasses à thé, une cuvette en cuivre, etc .

Tous ces objets sont vendus et le trésorier place le produit de la vente à l'intérêt le plus élevé possible.

Chaque année se tient en plein air une assemblée, où le trésorier rend compte à chaque famille de l'état du capital qui la concerne.

***

Les sociétés d'assurances dotales constituent de véritables petites compagnies d'assurances mutuelles. Bien que la coutume et l'influence de la femme ait peu à peu amélioré sa situation et élevé son rang au foyer, la loi et la coutume chinoises excluent les filles de l'héritage de leurs parents, même s'ils ne laissent pas de descendants mâles. Dautre part, les filles, mêmes aisées, se marient à peu près sans dot.

Quand il a, comme disent les Chinois, « le malheur de subir la naissance d'une fille », le père prévoyant s'efforce souvent de remédier à cette situation légale. Il se rend chez le président d'une société dotale, dont les fonds, amassés par voie de cotisations, se grossissent par le placement et par la capitalisation des intérêts, sans que personne ait le droit, avant le mariage des intéressées, de toucher au capital ou aux intérêts. Le père convient avec le président de l'association de la somme à verser dans la masse sociale et s'engage par écrit à ne pas retirer ses fonds avant le mariage de sa fille. Au bout de quinze ou vingt ans, le capital grossi des intérêts représentera une somme assez considérable, qui dédommagera la jeune fille de son exclusion de l'héritage familial.

Il arrive parfois que la jeune mariée qui a touché cet avoir le dépose chez une tante ou une amie de confiance, qui le fait valoir, à l'abri des convoitises de la belle-mère ou du mari. Elle continue à pratiquer l'association et, sans toucher au produit de son assurance, elle s'efforce de le grossir.

Les associés et les fonds des assurances dotales sont placés sous la protection du dieu Yu-Hoang, père de neuf filles, qui, d'après la légende, obtint de l'empereur, malgré la loi, l'autorisation de disposer de sa fortune en faveur de ses filles.

***

Les associations du Blanc et du Deuil nous montrent un autre aspect de l'esprit d'assistance mutuelle des Chinois. Le devoir de piété filiale, fait de reconnaissance, d'affection et mêlé de crainte pour l'avenir, oblige les Chinois devant l'opinion publique à faire de pompeuses funérailles, surtout à leurs ascendants. et à leurs descendants mâles. Il faut au mort un cercueil en bois de sapin de trois ou quatre pouces d'épaisseur. On dresse un catafalque, on élève des pagodes faites de nattes sur la place du village, à la porte de la maison mortuaire, à l'entrée du cimetière. On fait venir deux jours à l'avance, pour éviter que le mort ne s'ennuie et pour chasser les esprits malveillants, des troupes de musiciens et de bonzes. On invite quatre ou cinq cents parents ou amis, qu'il faut nourrir, héberger pendant plusneurs jours. Ces cérémonies entraînent à des dépenses considérables, qui peuvent être une cause de ruine pour les survivants.

Les associations du Deuil, sous la protection du poète Fong-Nan, collecteur royal et bienfaiteur du peuple, remédient à cette situation éventuelle par une association mutuelle de prévoyance. Quand un membre de l'association perd son père ou sa mère, il coupe une pièce de toile en autant de morceaux que l'association compte de membres. La femme en confectionne rapidement des bonnets, que les amis et parents du défunt présentent à ses confrères. Ceux-ci vont aussitôt porter à la maison mortuaire une certaine somme d'argent, qui aide la famille à supporter sans emprunt les frais des obsèques.

Des associations analogues se constituent pour subvenir aux dépenses éventuelles d'un mariage.

CHAPITRE VI

LES ASSOCIATIONS RELIGIEUSES ET SECRÈTES

Les Associations de deuil nous conduisent à l'étude d'autres associations d'un caractère funéraire, mais où le but religieux l'emporte sur les considérations d'ordre précunaire que nous avons rencontrées dans les associations mutuelles, et cette transition nous acheminera vers les associations religieuses proprement dites.

§ 1er. — LES ASSOCIATIONS DES OSSEMENTS ABANDONNES

Les associations des ossements abandonnés existaient autrefois dans presque tous les districts de l'Empire chinois et étaient largement encouragées par les autorités et par le peuple. Elles sont aujourd'hui plus disséminées, quoique encore assez fréquentes.

Ces associations ont pour but de donner un cercueil et une sépulture aux défunts de familles pauvres, de restaurer les cimetières mal entretenus ou abandonnés et de propager le culte des morts.

Après les récoltes d'automne, les membres de l'association inspectent les cimetières et signalent à son directeur les tombeaux mal entretenus. Ils ont eu soin de faire signer par les chefs de famille un écrit autorisant l'association à prendre leurs tombes sous sa protection.

Les ressources financières de ces associations sont modestes et elles comptent surtout, dans la période de leur début, sur la contribution charitable de tous. Chaque membre verse un droit d'entrée infime de quatre à cinq mille sapèques, renouvelable tous les cinq ans seulement. Le premier versement est déposé chez un banquier, qui le fait valoir pendant vingt ou trente ans, sans toucher au capital ni aux intérêts. Les membres de l'association consacrent chaque année un mois aux travaux de terrassement, de sarclages, etc... Ces associations ont pour patron Wen-Wang, premier souverain de la dynastie des Tcheou, (1122 ans av. J. C.) renommé pour sa charité et son respect pour les morts. Sa fête est célébrée par un nettoyage des cimetières, suivi d'un repas servi aux trépassés par les membres de l'association, qui l'absorbent ensuite.

§ 2. — LES ASSOCIATIONS RELIGIEUSES

Les associations du Deuil et celles qui se proposent d'assurer aux morts une sépulture et un culte convenables nous conduisent à l'étude des sociétés religieuses proprement dites. Dans toute association chinoise, on retrouve une aspiration religieuse, et il existe même des associations dont l'objet essentiel est d'assurer le culte d'une divinité. La Chine a de nombreux sanctuaires, auxquels, à des époques déterminées de l'année, se rendent des milliers de pélerins. Les plus célèbres sont « les Pélerinages des quatre points cardinaux », aux montagnes Han-Chou, Hen-Chou, Hou-Chan et surtout à la montagne du Tai-Chan dans le Chan-Toung. Les provinces ont aussi souvent leurs sanctuaires boudhistes, taoïstes ou autres.

Comme ce déplacement, souvent à plusieurs dizaines de lieues, entraîne des dépenses considérables, des associations mutualistes, dites: « Sociétés des Montagnes », se fondent entre petites gens. Chaque membre verse tous les mois une certaine somme; le trésorier place les cotisations à gros intérêt et au bout d'un an, deux ans ou davantage, si la caisse de la société contient, avec l'appoint des revenus au capital, une somme assez importante, on désigne par le sort ceux des membres qui prendront part au pélerinage: c'est la société de voyage. Si l'association est une société stationnaire, les membres, au lieu de se rendre en pèlerinage à la montagne, dépensent l'argent des cotisations, grossies des intérêts, en banquets et représentations théâtrales donnés en l'honneur du dieu à l'époque où a lieu le pélerinage. (1)

Chaque ville, chaque village, chaque hameau, même de deux ou trois feux, a son association religieuse,

(1) A.-H. Smith. *Village Life in China.*

qui, tous les ans, se rend en pélerinage aux pagodes les plus renommées des environs. Ces associations portent le nom générique d'associations des Aromates, du nom de l'espèce d'encens, fait d'une poudre d'écorce d'ormeau trempée dans l'huile et séchée au soleil, qu'on brûle en petits bâtons dans tous les temples en l'honneur des dieux.

Ces sociétés, composées surtout de femmes, ont leur présidente, leur directrice des prières, leur trésorière, leurs zélatrices. Les plus pauvres mêmes possèdent un tambour et des cymbales pour accompagner les psalmodies aux jours de fête. Leurs membres visitent et soulagent les malades, prennent à leur charge les services de huitaine et d'anniversaire pour les morts, réconcilient les familles brouillées...

D'autres associations religieuses, comme celle du Roi des Enfers, se souvenant du précepte de Confucius, qui attribuait à la musique « la vertu de prévenir une foule de maladies physiques et morales, qui proviennent souvent de l'ennui, du chagrin ou de la mélancolie », pensent que la musique doit plaire aux dieux et adoucir leur rigueur envers les morts. Aussi ceux qui ont perdu un parent vont-ils aussitôt chercher des musiciens de la confrérie, pour qu'ils donnent des sérénades au dieu des Enfers.

Le gouvernement impérial a toujours témoigné une grande tolérance pour les manifestations extérieures des cultes, et les associations religieuses sont libres comme les autres formes de groupements. Il a pu voir, au contraire, à certaines époques, d'un mauvais œil, les cérémonies célébrées à l'intérieur des temples taoïstes et boudhiques et il a parfois interdit les prédications aux fidèles boudhiques, par crainte de voir les temples et les bonzes devenir des centres et des chefs pour les mouvements populaires. Ce danger est peu à redouter, car la plupart des associations religieuses n'ont qu'un rôle exclusivement rituel; les prêtres n'ont aucune action sur le peuple et le pullulement de ces associations, leur particularisme, rendent nulle l'influence de chacune d'elles.

Le gouvernement impérial marquait plus de suspicion à l'égard des chrétiens, dont la doctrine, universelle et non particulariste, est opposée sur beaucoup de points à la morale chinoise et dont les prêtres sont généralement des étrangers.

Malgré cette opposition du pouvoir et de l'opinion publique, les chrétiens ont constitué des églises dans le moule même des associations chinoises. Ainsi, sous l'empire romain, les premiers chrétiens, à l'époque des persécutions, se groupaient sous la forme d'associations funéraires reconnues par le droit romain. En dehors de la forme, les chrétiens de Chine adoptent sans difficulté les statuts de nombreuses sociétés chinoises qui se proposent de venir en aide à leurs membres. de les encourager au bien et de se réunir pour leurs fêtes et leur culte. Le nom chinois de « catéchistes » est presque semblable à celui des syndics des guildes. Les églises sont souvent propriétaires de biens en vertu de titres en règle, conformément aux coutumes et aux traités: salle du culte, école, pharmacie, résidence.

Malgré les protestations des défenseurs du régime

chinois, ces communautés étrangères, de même que celles des boudhistes et celles des musulmans, jouissent d'une tolérance qui leur a permis de se développer. L'autorité impériale laissait les associations libres, tant qu'elles se bornaient à l'exercice pratique du culte, et elle ne redoutait que les idées et les théories, ce qui explique pourquoi sa tolérance générale pour les associations ne s'étendait pas aux sociétés secrètes.

§ 3. — LES SOCIETES SECRETES (1)

La nature même de ces associations rend difficile de déterminer leur existence, leur nombre, leur importance, leur but même, car elles dissimulent généralement leur principal objet sous les aspects les plus divers. Elles prennent la physionomie d'associations religieuses, militaires ou même commerciales. Certaines se donnent en apparence un but moral et religieux; elles imposent l'abstinence à leurs membres; ou bien elles se composent de jeunes filles qui ont juré de ne pas se marier, ou de quitter leur mari quand elles l'auront épousé. La forme la plus fréquente, bien conforme à l'esprit de protection mutuelle qui est à la base de toute association chinoise, est celle d'une société de secours mutuels.

(1) Nous nous bornons à un bref exposé des Sociétés secrètes, dont l'étude approfondie, fort complexe, dépasserait les limites d'un travail d'ensemble sur les Associations. Elles ont d'ailleurs fait l'objet de savantes monographies. Voir notamment: P. Pelliot, *La Secte du Lotus Blanc et la Secte du Nuage Bleu*. Bulletin de l'Ecole Française d'Extrême-Orient, 1903-1904. H. Cordier, *Sociétés Secrètes chinoises*. Revue d'Ethnographie, VII, 1888, etc...

Malgré cette façade destinée à les régulariser aux yeux de l'autorité et à leur conserver leur caractère secret, les sociétés secrètes en Chine se distinguent des autres associations par deux traits principaux. Tandis que celles-ci se cantonnent strictement dans leur objet privé, indifférentes à toute action politique, le but réel des sociétés secrètes est généralement un mouvement politique, presque toujours nationaliste, inspiré par la haine de l'étranger. Elles tendent à arrêter l'invasion commerciale, politique, intellectuelle ou religieuse de la civilisation européenne ; ou bien, groupant les vaincus chinois contre leur vainqueur mandchou, elles se proposent de renverser la dynyastie mandchoue.

D'autre part, les sociétés secrètes échappent au particularisme local ou professionnel qui limite le recrutement et l'action des autres associations. Par leur but même, elles font appel à toutes les adhésions, sans distinction de fortune, de profession, de ville, ni de région et de la force du nombre, elles ont tiré une puissance telle qu'elles ont parfois réussi à renverser le gouvernement.

Les sociétés secrètes ont parfois un caractère temporaire. Elles naissent du mécontentement général aux époques de troubles. La population est respectueuse de l'administration, qu'elle accepte comme un mal inévitable ; mais si les impôts, les corvées, les exactions deviennent par trop lourds, si l'autorité ne sait pas assurer la sécurité contre les brigands, si la famine éclate, le peuple écoute les promesses d'un illuminé ou d'un aventurier, dont les disciples se recrutent bientôt parmi les naïfs, les mécontents, les paresseux, les voleurs.

Le Ta-Tsing Liu-Li, dans les statuts supplémentaires de la section CCLV (1), édicte des peines sévères contre les sociétés secrètes et va jusqu'à présumer de certaines initiatives l'intention de rébellion :

« Toutes personnes qui, sans être parentes, ni alliées par le mariage, établiront entre elles une fraternité par la cérémonie de goûter leur sang en brûlant de l'encens seront tenues pour coupables de l'intention de commettre le crime de rebellion et le chef de cette association subira la mort par strangulation, après avoir été mis en prison jusqu'à l'époque ordinaire. La peine à infliger aux complices aura un degré de moins. » La peine des complices est aggravée du bannissement, si l'association comprend plus de vingt personnes, ou « si l'autorité de l'association se trouve être confiée à des membres jeunes et forts. »

Le Code édicte la responsabilité des magistrats gouverneurs de districts qui, ayant connaissance de ces « fraternités », négligeront de prendre les mesures nécessaires ou les favoriseront, ainsi que les chefs de village qui, en ayant connaissance, ne les auront pas dénoncées. Par contre, ceux qui « en auront donné avis à temps » seront récompensés.

Les signaux secrets constituent aussi une présomption de rébellion : « Toutes les associations qui se réunissent par des signaux secrets sont instituées évi-

(1) *Ta-Tsing-Liu-Li*, p. 457 et suivantes.

demment pour opprimer le faible et faire du mal à l'homme isolé et à celui qui n'a point de défenseur. Les meneurs ou principaux membres de ces associations seront donc censés être des vagabonds ou des proscrits et, en conséquence, on les bannira à perpétuité dans les provinces les plus reculées; les autres membres desdites associations seront considérés comme complices et punis d'un degré de moins. » Sont punis de cent coups de bâton et de la cangue « ceux qui, quoique ne tenant pas à ces sociétés suivant les règles qu'elles se sont données, suivront leurs assemblées, séduits par quelques-uns de leurs membres. »

« Enfin, tous les vagabonds et gens déréglés qu'on saura avoir fait des réunions, ou avoir commis des vols à force ouverte, ou autres actes de violence, sous la dénomination particulière de Tien-Che-Whée, c'est-à-dire l'Association du Ciel et de la Terre, subiront la mort par décollement, dès qu'ils auront été pris et convaincus de leur crime; et tous ceux qui les auront accompagnés pour les soutenir, ou qui les auront excités à commettre leurs pratiques, subiront la mort par strangulation. » (1)

Cette association, appelée aussi Association de la Triade, est une des plus actives sociétés secrètes de la Chine. Ses membres sont astreints au secret le plus absolu et ont entre eux des signes de reconnaissance dans la manière de tenir le parapluie, le mouchoir, de fumer la pipe d'opium, etc... Les cérémonies sont empreintes d'un symbolisme emprunté à l'ancienne philosophie chinoise et à la cosmogonie.

(1) *Ta-Tsing-Liu-Li*, p. 460-461.

Très développée dans les Straits Settlements et dans les Indes Néerlandaises, la Société de la Triade a joué en Chine, à diverses époques, un rôle politique important. En 1817, le gouverneur de Canton fit arrêter 2 à 3.000 adhérents de cette Société et les rapports des autorités locales relevaient que l'Association était organisée en cinq loges: Grande Loge de Foukien, loges de Kouang-Toung, Yunnan, Kouei-tcheou et Tchè-Kiang.

La secte de la Triade du Ciel et de la Terre se proposait le renversement de la dynastie mandchoue et la Société de la « Grande Pureté » ou T'aip'ing, qui faillit y réussir, était formée de membres pour la plupart d'origine triade. Son chef: Sieou-T'siuan, qui se proclamait « Souverain des T'aip'ing », se rendit maître de la partie orientale du Kouang-Si, s'empara, le 29 mars 1853, de Nankin, qui resta pendant onze ans sa capitale et s'approcha jusqu'aux environs de Tien-Tsin. En 1855, les troupes des T'aip'ing étaient maîtresses de toute la vallée du Fleuve Bleu. L'insurrection ne se termina qu'en 1864, avec la reprise de Nankin et le suicide de Sieou-T'suian.

La secte des Boxers, qui provoqua, en 1899-1900, le massacre des chrétiens et l'attaque des légations, était au Chan-Tong une filiale de la secte des « Grands Couteaux » ou de la secte du « Nénuphar Blanc », qui se rattachaient toutes deux à la Société de la Triade. Déjà, le 1er novembre 1897, leurs affiliés avaient assassinés les pères allemands Mes et Heule, que l'Allemagne avait vengés en occupant Kiao-Tcheou. Protégés par les gouverneurs de la province, ils firent de nombreux adeptes dans le Chan-Tong et le Tche-Li. Leur mouvement était dirigé contre les chrétiens et les étrangers et leur devise était: « Protéger la dynastie, exterminer les étrangers. » Après avoir hésité sur l'attitude à prendre, la Cour de Pékin se laissa entraîner à sa xénophobie et elle refusa d'accéder à la demande des puissances étrangères de prohiber les sociétés secrètes.

Sans insister ici sur les événements historiques qui suivirent, et qui sortent du cadre de cette étude, mentionnons encore, pour montrer le rôle politique de la Triade, que Sun-Yat-Sen, qui vient de mourir, était un affilié de cette secte, dont il devint bientôt le chef. En 1904, il publiait son factum, véritable proclamation officielle de son parti. Fidèle à la doctrine générale de la Triade, il s'attaquait au gouvernement mandchou, dont la « corruption et la faiblesse... menacent de détruire l'équilibre politique mondial et d'entraîner la Chine à la ruine » et affirmait la volonté de son parti de « faire rendre ses droits au peuple chinois opprimé par les mandchous. »

§ 4. — LES ASSOCIATIONS DE MENDIANTS ET DE VOLEURS

Parmi les manifestations les plus significatives de l'esprit d'association, les plus curieuses et les plus inattendues, pourrait-on dire, sont les associations qui se forment entre mendiants ou voleurs.

Les mendiants, nombreux dans les grandes villes,

opèrent sous la conduite d'un chef, le « Prince des vagabonds » ou, dans les campagnes, le « Président ». Ce chef a une autorité presque absolue et exerce juridiction sur eux. Il les divise en compagnies commandées par des chefs de file. Chaque troupe a son quartier à exploiter et tout est prévu minutieusement, militairement: l'itinéraire quotidien, l'heure du départ, celle du retour, l'heure du lever et celle du coucher, l'attitude à prendre en cas de refus, le gîte pour la nuit.

Cette organisation régularise les gains des mendiants et évite entre eux les discussions. Elle leur donne une puissance qui leur permet de mettre les villes en coupe réglée. Il est impossible de se débarrasser d'eux, car ils reviennent jusqu'à ce qu'ils aient obtenu ce qu'ils demandent et se vengeraient d'un refus par des vexations et même par l'incendie. Comme la police n'intervient pas, les gens fortunés n'ont que la ressource de contracter un abonnement avec le chef de l'Association.

Grâce aux abonnements, le chef des mendiants vit dans une large aisance. A Pékin, cette dignité est héréditaire, depuis le XVIIe siècle, dans plusieurs familles, qui se sont partagé les quartiers de la ville.

L'autorité n'intervient pas davantage contre les associations de voleurs. Il existe des compagnies de brigands organisées, qui assiègent et prennent les villes mal défendues. « Frères du Nénuphar », « Barbes-Rouges », « Sauterelles au vol rapide », paraissent tous les quatre ou cinq ans, à pied ou à cheval et massacrent, pillent et brûlent tout sur leur passage, sans que les soldats du gouvernement, désireux d'éviter toute effusion de sang, interviennent.

D'autres se donnent le nom de Sociétés du « Sabre Tranchant ». Ils assistent à toutes les foires, se mêlent à toutes les discussions, entraînent les naïfs au jeu, saisissant ainsi toutes les occasions de dévaliser les gens.

Les musulmans de la Chine ont aussi leurs corporations de voleurs. L'une est la société des portefaix, qui vont opérer aux mines d'argent du Ho-Nan, puis reviennent, la saison finie, vivre du produit des lingots qu'ils ont volés. L'autre est la Société des Anes Marchands de Sel, spécialisée dans l'attaque des magasins, dépôts et entrepôts de sel, qui fait l'objet d'un monopole détesté. Les marchands cèdent ensuite à vil prix leur marchandise à la population sous l'œil indifférent des autorités.

CONCLUSIONS

Une double impression se dégage de l'étude d'ensemble des associations en Chine: c'est, d'une part, la puissance de l'esprit d'association chez le peuple chinois; d'autre part, l'extrême diversité des groupements dans leur origine, leur organisation et leur but. Nous essaierons d'expliquer comment est né cet esprit d'association et de déterminer les motifs de son développement; puis nous tenterons de ramener à des traits généraux communs la variété des associations chinoises; nous préciserons enfin le rôle et la fonction qu'elles exercent dans l'ensemble de la vie sociale en Chine.

L'esprit d'association est poussé chez le Chinois à un degré inconnu chez les peuples les plus libéraux. Sur tout le territoire de l'immense Empire du Milieu est née et se maintient depuis des siècles une multitude innombrable de groupements dus à l'initiative privée. Dans toutes les circonstances de sa vie, le Chinois a tendance à s'associer. Les familles d'un même village portant le même nom se réunissent en clans; les habitants d'un village ou de villages voisins instituent entre eux des communes, des associations de sécurité contre le brigandage, le vol ou l'incendie. Les compatriotes fixés dans une ville, les artisans, les banquiers se groupent en associations provinciales ou professionnelles. D'autres associations appliquent les principes de la mutualité. Des sociétés secrètes ou religieuses poursuivent un but politique ou moral. Il n'est pas jusqu'aux mendiants et aux voleurs qui ne cherchent un point d'appui dans l'association.

Le développement de l'esprit d'association, depuis les guildes puissantes jusqu'aux modestes sociétés de sapèques ou d'assurances dotales, est un des traits les plus saillants de la mentalité chinoise. « Les villes de la Chine, observe Elisée Reclus, (1) n'ont peut-être pas un seul habitant, riche ou pauvre, bourgeois ou travailleur, qui n'appartienne à quelque groupe sociétaire constitué publiquement ou fonctionnant en secret. »

Si le phénomène de l'association se constate chez tous les hommes et répond à un besoin naturel de l'être humain, né sociable, cette notion de psychologie générale ne suffit pas à rendre compte du développement particulièrement intense des associations en Chine. D'où vient donc cet esprit d'association, si caractéristique de la psychologie du Chinois et comment expliquer son action multiple et diverse?

C'est dans l'organisation de la famille qu'il faut en chercher l'origine. Par la puissance de sa constitution, par la protection qu'elle assure à tous ses mem-

(1) Elisée Reclus, *Nouvelle Géographie Universelle.*

bres, par la solidarité sur laquelle elle repose, la famille chinoise constitue une véritable association : c'est là le prototype qui a donné naissance et servi de modèle aux associations chinoises.

La famille chinoise n'est pas seulement un groupement naturel restreint d'individus unis par la filiation et dont le lien se relâche, dans la civilisation occidentale contemporaine, dès qu'il dépasse la première génération; elle est le groupement universel de tous les individus issus d'un auteur commun, quelque éloigné qu'il soit. L'enfant, dès qu'il vient au monde, entre dans une famille; les ascendants décédés demeurent, à titre d'ancêtres, membres du groupe, qui englobe les morts aussi bien que les vivants. Ainsi la famille chinoise est un groupement permanent, perpétuel, une sorte de personne morale éternelle, dont on ne peut délimiter le commencement ni la fin.

C'est la vie en famille qui éveille chez le Chinois l'instinct d'association. Habitué à trouver dans le groupe familial, quand il est en bas âge et faible, l'aide et la subsistance matérielle et, une fois devenu homme, une protection contre l'hostilité des voisins, un appui au cas de préjudice ou de délit commis par les tiers, il est poussé par un instinct naturel à demander, dans toutes les circonstances de la vie où il est appelé à se trouver, un appui contre l'isolement, au moyen qui le sauvegarde dans la famille, au groupement, à l'association. C'est pourquoi l'on voit des expatriés, privés de la protection de la famille, du clan, de la commune, s'efforcer de reconstituer une sorte de famille; les marchands, les artisans, chercher dans les guildes la défense de leurs intérêts professionels; les associations de sécurité, de secours mutuels protéger la faiblesse de l'individu isolé.

D'autre part, la perpétuité du groupe familial établit une étroite solidarité entre ses membres. Les enfants, les descendants doivent respect, obéissance et assistance au chef de famille, aux ascendants âgés. Le *paterfamilias* est tenu d'assurer la perpétuité de la famille, au besoin par l'adoption et de conserver les biens dans l'intérêt du groupe. Ces mesures garantissent l'avenir de la famille et témoignent de la solidarité qui unit ses membres actuels aux membres futurs. La solidarité englobe même les ancêtres décédés. En compensation des cérémonies rituelles, des banquets, des représentations qui leur sont offerts, les vivants attendent d'eux protection. Les ancêtres ont donc, eux aussi, leur devoir de solidarité à remplir. L'autorité presque absolue du père trouve donc ses limites dans la notion de solidarité familiale et d'intérêt collectif du groupe. La vie en famille éveille ainsi dans l'esprit du Chinois le sentiment qu'il n'est pas seulement sur terre un individu, mais qu'il est solidaire d'autres individus, soit par la communauté d'origine, soit par la communauté de résidence, soit par la communauté de profession. De là la conception de droits et de devoirs réciproques, issus de la solidarité, qui trouve son expression dans la constitution d'associations.

Ainsi tout le développement des associations est

en quelque manière contenu en germe dans la famille chinoise. Forte association de protection assise sur la solidarité, ce groupement naturel a éveillé chez les Chinois le sentiment de l'intérêt commun, leur a suggéré l'instinct de créer, chaque fois qu'ils sentiraient le besoin de se protéger, un groupement artificiel fondé sur le principe de la solidarité et constitué sur le modèle de la famille, groupement naturel.

C'est pourquoi, sous cette extrême diversité d'associations, de guildes provinciales, marchandes, artisanales, de clans, de communes, de groupements de sécurité, d'associations de secours mutuels, de sociétés religieuses ou secrètes, il n'est pas impossible de découvrir un certain nombre de traits caractéristiques qui leur sont communs et constituent la charpente de toute association chinoise. Issues des notions psychologiques sur lesquelles repose la famille, elles vont naturellement s'inspirer de leur modèle et c'est dans la constitution de la famille qu'il convient de chercher les principes communs à toutes les associations chinoises.

***

En analysant les caractères généraux de la famille, nous allons voir comment les associations chinoises s'inspirent constamment des mêmes principes. L'esprit religieux, l'esprit de solidarité et de discipline, le principe d'autorité, nuancé d'un certain sentiment démocratique, l'esprit de tradition et de particularisme: voilà les assises de la famille chinoise.

C'est sur les mêmes bases que se sont édifiées toutes les associations.

L'idée religieuse est le substratum de toute association chinoise, comme de la famille. Le culte des ancêtres repose sur l'idée de l'immortalité de l'âme, qui maintient dans le groupe les parents morts; il est un corollaire de la perpétuité de la famille. Chaque association a aussi ses dieux, véritable ancêtres, réels ou symboliques, soit qu'ils aient en quelque sorte appartenu au groupe, par la communauté d'origine ou de profession, soit qu'ils en symbolisent les vertus ou l'objet. Elle les honore comme les parents vivants honorent leurs morts, à des époques fixées, par des fêtes, des sacrifices, des banquets, des représentations théâtrales. Ces dieux ont leur temple, qui est le siège de l'association, le lieu de ses assemblées religieuses ou profanes.

La communauté des conceptions philosophiques ou des rites maintient entre les membres d'une association un lien puissant de solidarité. Cette solidarité repose en outre sur une identité d'intérêt. Le Chinois, qui a fait dans la famille l'éducation du sens collectif, le transporte avec une singulière puissance dans les diverses associations auxquelles il appartient. Ce sens, qui pousse les Chinois à se grouper suivant leur communauté d'intérêt, maintient entre eux dans le groupe la cohésion, la discipline, un sentiment assez puissant des devoirs réciproques pour que, dans les circonstances les plus graves, tous les membres de l'association se dressent à la voix de leur chef.

Cette habitude de la discipline, le Chinois l'a déjà acquise dans sa famille. La valeur sociale du groupe familial en Chine est fondée sur une forte autorité du père. Il est le chef religieux, administratif et économique; il exerce une véritable magistrature sur les membres du groupe. Femmes, enfants, petits-enfants sont habitués à lui obéir. Sous l'autorité d'un maître unique, la famille est un groupe monarchique et l'ensemble des familles, dans le clan par exemple, constituent une véritable aristocratie. Mais en même temps, et sans qu'il soit possible de doser juridiquement deux éléments aussi contradictoires, ce caractère monarchique s'atténue en fait, en se combinant avec un élément démocratique.

Si forte soit-elle, l'autorité paternelle comporte en effet des limites. Les enfants ne sont punis par le Tsa-Tsing-Liu-Li que s'ils désobéissent à un commandement juste, ce qui est une garantie contre l'arbitraire du père. Le Code réprime les mauvais traitements exercés sur eux. Le droit de vie et de mort ne joue qu'avec le concours des agnats. La situation de la femme, médiocre en droit, est notablement améliorée dans les faits. Une sorte de copropriété familiale empêche le père de disposer des biens sans le contrôle du groupe.

Cette combinaison, au sein de la famille, de l'esprit monarchique et de l'esprit démocratique se retrouve, en des proportions variables, dans les associations chinoises. Leurs chefs sont, en principe, désignés par l'ensemble du groupe, généralement pour un temps limité et, dans les cas graves, des assemblées générales se réunissent pour délibérer. Tous les membres sont théoriquement égaux; et les guildes d'artisans, réunissent, à côté des patrons, les ouvriers et les apprentis.

Mais l'imprécision des statuts et surtout les faits altèrent dans une certaine mesure cette physionomie démocratique. Les associations n'ont pas de constitution analogue aux institutions similaires européennes, qui fixent, en vue de les équilibrer, les prérogatives respectives et les relations du pouvoir délibérant et du pouvoir exécutif. Les pouvoirs des syndics, des administrateurs reposent sur un assentiment général plutôt que sur une véritable majorité. Leurs attributions sont mal définies. Les assemblées ne se réunissent pas dans des cas déterminés avec précision; elles donnent des avis plutôt qu'elles ne prennent des décisions; elles manifestent l'opinion générale des membres du groupe, et non la volonté d'une majorité organisée.

Cette imprécision de pouvoirs et d'attributions laisse aux chefs la faculté d'exercer plus ou moins fortement leur autorité, suivant leur influence personnelle. Or ils sont choisis parmi ceux qui jouissent d'un prestige propre, en raison de leur âge, de leur titre de lettré, des fonctions qu'ils ont exercées, de leur fortune ou de leur expérience. Ils prennent ainsi facilement un ascendant sur les assemblées et les dirigent à leur guise, se contentant de leur demander dans les cas difficiles un appui moral plutôt qu'une autorisation constitutionnelle. Dans certaines associations, notamment dans les guildes de marchands, la gestion appartient au chef d'une maison de commerce importante, constamment réélu. et. quelquefois même conservant sa charge à titre héréditaire. On aboutit à la constitution d'une sorte d'aristocratie, qui gouverne l'association plutôt comme un monarque assisté d'un conseil consultatif que comme un gouvernement démocratique qui exécute les décisions d'un Parlement. Ainsi l'association chinoise, comme la famille, est dominée par le principe d'autorité, grâce à la discipline que le sentiment de la solidarité fait accepter spontanément, grâce au gouvernement oligarchique aux mains duquel la masse remet avec une confiance prudente la défense de ses intérêts.

Deux autres traits achèvent le parallélisme de la famille et de l'association: l'esprit de tradition et le particularisme.

Le traditionnalisme est un des caractères dominants de la psychologie chinoise. Ce peuple, dont la législation se réduit au minimum, vit sur un fonds de préceptes de philosophie morale et de rites religieux. Les maximes de Confucius sont la base de la vie sociale chinoise, comme les Livres Saints l'étaient au Moyen-Age dans la civilisation occidentale. Ces préceptes immuables, commentés, développés par les lettrés, assurent un fondement solide, mais intangible, à toute l'activité sociale de la Chine.

Cette philosophie se complète par les rites religieux. Ceux-ci introduisent dans la pratique l'esprit de tradition que les préceptes des sages maintiennent dans la mentalité chinoise. Le culte consiste en un ensemble d'actes, de rites solennels, immuables, qui doivent être accomplis conformément à la coutume des ancêtres. De même que les préceptes de la philosophie, ces rites implantent dans l'esprit du Chinois une sorte d'inertie, une accoutumance à agir toujours de la même manière, comme l'ont fait ses ancêtres, à appuyer son action sur une règle traditionnelle, à enfermer son activité dans un cadre immuable, dans un formalisme intangible.

Cet esprit de tradition se manifeste dans l'association, aussi bien que dans la famille, car la morale traditionnelle et les rites les dominent l'une et l'autre. Il explique leur stabilité. Jusqu'à la Révolution, la Chine tout entière a vécu dans une sorte d'immutabilité, sans subir profondément l'influence de la civilisation occidentale. Elle a été comme un corps frappé de léthargie, qui continue à vivre sur ses propres forces. Ses associations ont largement contribué à maintenir une solide barrière entre elle et l'apport intellectuel politique, religieux, économique même, de l'étranger et le gouvernement chinois a trouvé souvent en elles un appui dans sa xénophobie.

Le traditionnalisme des associations chinoises s'allie avec leur esprit particulariste pour en faire des groupements fermés, comme la famille. L'association familiale est constituée d'après un fait naturel, la parenté agnatique et, bien que le *paterfamilias* puisse en modifier la composition par des abandons, des mariages, des adoptions, le groupe n'en a pas moins ses limites. Il se compose d'individus unis en principe par une commune origine, par l'identité de nom, par la communauté de culte et de traditions.

L'adoption même ne déroge qu'exceptionnellement à ce principe de composition, puisqu'elle se fait le plus souvent au profit d'un individu de même nom de famille. Les étrangers en sont exclus et le Ta-Tsing-Liu-Li punit le *paterfamilias* qui en a inscrit un sur le registre de famille.

Le particularisme est aussi un caractère essentiel des associations. Entre les membres d'une association existe toujours un lien de communauté. Le clan comprend uniquement des individus portant le même nom de famille; la commune n'est ouverte qu'aux habitants originaires des villages, à l'exclusion des aubains. Les guildes provinciales se forment dans une ville entre originaires d'une même province ou d'un même district, les autochtones n'y sont pas admis. Les guildes professionnelles dans une ville sont aussi nombreuses que les corps de marchands ou d'artisans. Les associations de sécurité groupent les habitants d'un même village ou de villages voisins. Dans aucune association chinoise, on ne constate une tendance à se fédérer avec d'autres groupes, comme on voit, en France, les syndicats professionnels, au lieu de se confiner dans les limites d'une profession ou d'une ville, se grouper en fédérations et en confédérations. Dans une ville naissent autant d'associations provinciales qu'il y a d'originaires de villes différentes et l'on n'en connaît pas qui réunisse dans une ville tous les Chinois étrangers au district, sans distinction d'origine, pas plus qu'il n'existe une action commune entre tous les originaires d'une même province disséminés sur tous les points du territoire chinois. On ne rencontre pas davantage de fédération des guildes de marchands d'une ville, ni de fédération générale englobant les représentants d'une profession pour toute la Chine. (1)

Ainsi chaque association constitue une entité fermée, exclusive de tout apport étranger. Chacune d'elles a son culte particulier, ses traditions, son règlement, son objet distinct et sa circonscription propre.

La physionomie générale des associations chinoises, ainsi fixée par une synthèse rapide, il nous reste à examiner le but auquel elles répondent, la place qu'elles occupent et la fonction qu'elles exercent dans l'ensemble de la vie sociale. Sous un régime politique, économique et juridique tel que celui de la Chine impériale, la faiblesse du gouvernement central, résultat de l'absence d'unité politique, et la conception limitant à la sécurité générale et à la perception de l'impôt le rôle de la puissance publique, laissaient un rôle considérable à jouer à l'initiative privée et rendaient absolument indispensable la constitution d'associations. C'est là une raison de plus du développement de l'esprit d'association chez les Chinois.

Cependant la suppléance de l'Etat n'a sans doute pas été chronologiquement la première fonction des associations, et elles ont probablement d'abord limité

(1) Nous croyons cependant savoir qu'il existe une sorte de fédération des associations de banquiers originaires du Chan-si exerçant dans les villes de la Chine du Nord.

leur action à un objectif plus étroit, plus proche de l'intérêt individuel, avant de s'élever à la conception d'un intérêt général.

Cette fonction primitive de défense des intérêts individuels se retrouve dans toutes les associations chinoises, soit comme but exclusif, soit combinée avec d'autres objectifs.

Le culte étant une des assises des associations, une de leurs fonctions communes est d'assurer le culte du dieu, de bâtir et d'entretenir son temple, de lui offrir aux époques déterminées les cérémonies, les sacrifices, les représentations traditionnelles. A cette mission se rattachent l'entretien d'un cimetière, d'une chambre mortuaire pour les membres du groupe décédés, le rapatriement de leurs corps, la prise en charge des obsèques et de la sépulture des indigents.

Sur ces derniers points, l'idée de culte se combine avec la fonction mutualiste, qui caractérise essentiellement toutes les associations chinoises. Leur but fondamental, leur point de départ, est de procurer à leurs membres un appui contre l'isolement, par une solidarité mutuelle. Des secours sont accordés aux membres de l'association en cas de maladie, de chômage, ou pour les rapatrier, s'ils sont indigents. Ce rôle mutualiste apparaît dans toute association; il est le but principal d'une foule de petites sociétés: sociétés d'argent, d'assurances dotales, de secours en cas de décès. D'autres groupements visent surtout la protection des biens: sociétés de surveillance des moissons, sociétés de protection contre l'incendie, le brigandage, le vol.

Cette fonction de mutualité ou de sécurité ne dépasse pas ici les limites de l'intérêt individuel des membres. Chacun de ceux-ci attend du groupe la protection de *sa* personne, de *ses* biens. Cet objectif en quelque sorte égoïste rapproche encore les associations de la famille, qui poursuit exclusivement la réalisation des intérêts individuels de ses membres, soit par la protection qu'elle leur assure, soit par la solidarité qu'elle établit entre eux en cas de dommage ou de délit, soit quant à l'administration et au partage des biens. Et c'est pourquoi nous avons conjecturé que l'association, sortie de la famille, qui l'a inspirée et lui a servi de modèle, a d'abord poursuivi des fins limitées à l'intérêt individuel de chacun de ses membres.

Cependant la discipline qu'elle impose, les cotisations qu'exige son fonctionnement, impliquent déjà de la part de ceux qui y adhèrent le sacrifice d'une partie de leur liberté ou de leurs biens, qui superpose à la notion purement égoïste de l'intérêt individuel la conception altruiste de l'intérêt général, de la solidarité. Dans les associations les plus importantes, cette notion va s'élargir et, les élevant à la conception de l'intérêt général, leur assigner une fonction qui, dans nos idées d'Occident, dépasse la mission sociale de l'individu.

Les sociétés religieuses et surtout politiques poursuivent un idéal supérieur à la protection des individus et des biens. Les associations de sécurité, les communes, certaines guildes sont de véritables municipalités: elles assurent l'ordre, la police, l'entretien des villes ou des agglomérations rurales. Elles se substituent aux autorités locales ou concourent avec elles plus ou moins officiellement.

Enfin les guildes provinciales et les guildes professionnelles réalisent une sorte de synthèse des diverses fonctions des associations chinoises. Comme l'ensemble de celles-ci, elles assurent le culte d'un dieu et elles protègent leurs membres au nom du principe mutualiste. Comme les associations de sécurité et les communes, certaines d'entre elles tout au moins exercent les fonctions d'une municipalité et s'occupent de l'administration d'une ville ou d'un quartier. Mais elles ajoutent à ces rôles variés une fonction économique, qui constitue leur principale raison d'être. Les guildes provinciales, lorsque l'élément marchand prédomine dans leur composition, et les guildes professionnelles de marchands ou d'artisans réglementent l'exercice de la profession. Elles arrêtent les rapports entre les patrons et leurs employés ou apprentis. Elles établissent les conditions des transactions commerciales et énumèrent les éléments qui doivent entrer dans le prix de revient d'un produit ou dans le prix de vente; elles fixent des prix minima de vente. Elles déterminent la nature et la valeur des monnaies, des poids et des mesures qui devront être utilisés dans les transactions.

Cette fonction économique dépasse par sa nature et sa portée l'action ordinaire des associations chinoises. La réglementation intérieure d'une profession, des relations entre patrons et salariés, des conditions de l'apprentissage entre certes dans le rôle normal d'un groupement professionnel d'origine privée, car il s'agit de mesures touchant à l'intérêt individuel de ses membres. En France, on a préconisé la gestion des intérêts professionnels par les professionnels eux-mêmes ou par leurs représentants et le législateur est entré dans cette voie, préparant avec plus ou moins d'atténuations un état de choses depuis longtemps réalisé par les guildes chinoises.

La fixation des conditions de vente d'un produit, du prix notamment, en vue d'uniformiser les conditions de la concurrence, a l'avantage d'introduire la stabilité dans les transactions commerciales. Dans les pays occidentaux, des ententes interviennent aussi pour limiter les effets de la libre concurrence et souvent dans le but plus ou moins avoué de la remplacer par le monopole, au besoin en ruinant certains concurrents. Les guildes chinoises pratiquent largement et soutiennent par de graves sanctions ce procédé, qui dépasse le but de protection des associations et atteint à la fois les membres dissidents de la corporation et les consommateurs.

La détermination générale des conditions des transactions est un aspect de la fonction économique des guildes qui mérite aussi d'être souligné. Sous le régime de la liberté des conventions, qui caractérise les droits européens modernes, les parties sont libres d'arrêter les clauses de leurs contrats, à la condition de respecter l'ordre public et les bonnes mœurs. Il est loisible aussi, dans les mêmes limites, aux producteurs et aux marchands, de déterminer les conditions de vente. Cependant la législation édicte un certain nombre de dispositions soit impératives, soit énonciatives; il existe en matière commerciale des usages qui ont force de loi. Or en l'absence d'une législation commerciale et économique, les guildes professionnelles chinoises ne jouissent pas seulement de la liberté des conventions, telles que nous l'entendons. Elles prennent parfois même des mesures que condamne le droit pénal français (par exemple l'art. 419 du Code pénal); elles créent des usages commerciaux, véritables dispositions légales, se substituant ainsi à l'action du législateur. Cette action législative apparaît surtout singulière à notre mentalité, quand les guildes fixent la nature et la valeur des étalons monétaires et des poids et mesures, fonction qui nous semble appartenir essentiellement au législateur.

En un mot, les guildes provinciales et professionnelles constituent l'armature économique de la Chine. Devant l'abstention de la loi et du gouvernement en cette matière,, c'est sur elles que repose toute la vie économique et commerciale de la Chine. C'est d'elles que vient l'effort de stabilité et d'uniformité qui substitue dans les relations économiques la loyauté à l'incertitude, laquelle conduit à la mauvaise foi.

En établissant des règles générales, ces guildes s'élèvent à la notion de l'intérêt collectif. Leur action dépasse la conception de la protection individuelle, qui caractérise la fonction mutualiste de l'ensemble des associations chinoises. Elle dépasse même la conception, d'aspect déjà social, qui apparaît dans la fonction municipale et qui rend obligatoire la participation pécunaire aux dépenses locales de tous ceux qui en profitent, même s'ils ne sont pas admis à les décider (femmes et aubains dans les communes). Si l'objet initial des guildes est la défense de leurs membres, leur action pratique va plus loin, puisque la stabilité, la bonne foi qu'elles veulent introduire dans les transactions intéresse, au-delà de leurs adhérents, les tiers co-contractants et les consommateurs.

Tel est, rapidement dessiné, le rôle joué par les associations chinoises, telles sont les fonctions qu'elles exercent dan l'ensemble de la vie sociale. Produit de l'instinct de conservation, issues de la solidarité familiale et constituées à l'origine pour protéger leurs membres, elles se sont peu à peu élevées à une notion de plus en plus large de la solidarité et de l'intérêt collectif. Telles qu'elles fonctionnent innombrables sur l'immense territoire de la Chine, elles constituent un développement extrêmement remarquable de l'initiative privée. De la sphère modeste de la défense matérielle et morale de l'individu, elles ont étendu leur action à l'organisation et à la sécurité des villes ou des villages, puis à la constitution d'une armature économique et commerciale. Dans un Etat où les principes constitutionnels et la faiblesse du pouvoir limitent au minimum l'action du législateur et du gouvernement, elles ont su assurer elles-mêmes la protection, la sécurité des individus et suppléer à l'insuffisance administrative et économique de la loi et de l'autorité.

D'autre part, en permettant aux libertés individuelles, spontanément groupées sous la discipline ou l'autorité des chefs, de s'exercer dans des domaines variés, elles satisfont l'instinct démocratique qui sommeille en tout Chinois, et peut-être en tout être humain. Elles donnent au peuple l'occasion de faire l'apprentissage du *self-government,* l'habituent à compter sur lui-même et à ne rien attendre de l'Etat. Elles font son éducation et constituent une admirable école de la responsabilité, de la solidarité et du sens collectif. Leur diversité même, l'imprécision de leur constitution, corrigée par l'esprit de discipline et le respect de l'autorité, font des associations chinoises des organismes à la fois assez solides pour que l'individu puisse s'appuyer en toute sécurité sur eux et assez souples pour s'adapter à toutes les circonstances de sa vie; elles sont un instrument merveilleusement adapté au caractère chinois.

Il semblerait que l'usage séculaire de l'association, en habituant les Chinois à se gouverner eux-mêmes, aurait dû les conduire insensiblement à la démocratie politique, tout en leur épargnant les convulsions qui ont accompagné par exemple la révolution russe, parce qu'elle a lancé brusquement, de la monarchie presque absolue à la liberté presque absolue, un peuple dépourvu de toute éducation politique et économique préalable.

Or on est surpris de constater que depuis des siècles qu'elles existent, les associations chinoises, sauf les sociétés secrètes dont c'est le but, n'ont jamais tenté un mouvement politique. Dans les affaires où elles sont entrées en conflit avec l'autorité, les guildes ont défendu leur liberté religieuse ou leur autonomie économique et elles n'ont même pas essayé de profiter de leur solidarité momentanée, du trouble apporté par le boycottage et la grève des affaires, de la faiblesse des autorités locales ou centrales, pour renverser l'ordre politique. Il y a mieux encore. Dans la révolution qui a renversé la dynastie impériale mandchoue, les associations n'ont joué aucun rôle et pendant la période anarchique contemporaine, elles n'ont aucune part au gouvernement, aucune influence politique.

Cette inertie, cette indifférence en matière politique d'associations dont l'action n'est définie ni limitée par aucun statut légal, s'explique cependant par un trait essentiel de la psychologie chinoise, dont nous avons déjà fait ressortir l'importance dans les associations, à savoir le particularisme.

« Chacun, dans sa sphère, a ses devoirs et ses droits très marqués, qu'il ne saurait ni éluder ni modifier...

Chacun dispose, à l'égard des membres de la communauté dont il est le chef, des droits et devoirs du chef de famille à l'égard des membres de sa famille. Chacun est responsable du bien et du mal qui échoit à la communauté dont il a la charge... Par contre, son activité ne s'exerce que dans la sphère de ces droits et de ces devoirs, le reste ne le concerne point. Et là est le secret de cette indifférence du Chinois aux questions politiques et nationales, de cette absence d'esprit public qui frappe si fortement l'étranger. Gouverner, administrer, c'est affaire à qui en a charge;

s'en mêler sans mandat, c'est manquer gravement aux rites : « Celui qui n'a pas d'office dans le gouvernement, a dit le Sage, n'a point à y voir ni à juger les plans de ce gouvernement. » (1)

Le particularisme des associations chinoises explique le fourmillement de ces groupements innombrables, dont beaucoup poursuivent le même but, et qui restent isolés les uns des autres, préférant à une action commune le maintien jaloux de leur individualité et de leur autonomie. Le sentiment de défense contre une hostilité virtuelle, qui a présidé à leur fondation, persiste et empêche leur cohésion, les privant de la puissance du nombre.

Il les condamne aussi à une action limitée. Les associations mêmes qui paraissent poursuivre un but d'intérêt collectif n'agissent en réalité que dans une sphère fort étriquée. En matière administrative, leur action ne dépasse pas la circonscription d'une ville, voire d'un quartier ou d'un village, ni le cercle des attributions municipales. L'autorité du règlement d'une guilde mercantile ne s'étend pas au-delà des marchands d'une ville, ni même en dehors du corps professionnel qui l'a édicté. Ainsi ces mesures économiques, ces usages commerciaux, destinés à introduire l'uniformité et la bonne foi dans les affaires, ne font qu'accentuer le particularisme, la diversité, l'instabilité.

En résumé, cet esprit particulariste a arrêté les associations chinoises à un stade d'évolution peu

(1) G. Maspero, *La Chine*, p. 56.

avancé. Libres d'agir dans une autonomie intégrale, elles se sont contentées d'être des organismes privés, cantonnés dans un objet local ou professionnel. Même lorsque, pour atteindre ce but, elles ont été entraînées à dépasser la notion de l'intérêt privé, elles ne se sont pas souciées de considérations d'intérêt public étrangères à leur objet. Condamnées par leur particularisme à ne considérer l'intérêt collectif que dans le cercle étroit d'une ville ou d'un métier, elles sont demeurées impuissantes à faire éclater ce cadre, où, malgré leur prospérité, elles étouffent et à faire de la Chine une unité politique et économique, un Etat démocratique fondé sur le gouvernement du peuple, représenté par ses associations.

BIBLIOGRAPHIE

BOULAYE (P.). — *Manuel du Code chinois.* Variétés sinologiques, Changhaï, 1923.

BRENIER (H.). — *Essai d'Atlas statistique de l'Indochine.* Hanoï, 1914.

CORDIER (H.). — *Sociétés secrètes chinoises.* Revue d'Ethnographie, VII, 1888.

CORDIER (H.). — *Les Marchands Hannistes à Canton.* T'oung-Pao, 1902.

COURANT (M.). — *Les Associations en Chine.* Annales des Sciences Politiques, janvier 1899.

D'ENJOY (P.). — *Associations, Congrégations et Sociétés secrètes chinoises.* Revue Indochinoise, 15 avril 1907.

FAVRE (Ct.). — *Sociétés de frères jurés en Chine.* T'oung-Pao, mars 1918.

FROMAGEOT (H.). — *Mémoire sur l'organisation et le rôle des Associations ouvrières et marchandes en Chine* (extrait du Bulletin des Sciences économiques et sociales du Comité des travaux historiques et scientifiques, année 1897). Paris, Imprimerie Nationale.

FUSTEL DE COULANGES. — *La Cité antique.*

GRANET (M.). — *La Religion des Chinois.* Gauthier-Villars, Paris, 1922.

GRANET (M.). — *La polygynie sororale et le sororat dans la Chine féodale.* Leroux, Paris, 1920.

HAUCHECORNE (A.). — *Le Commerce chinois et son organisation.* Bulletin de l'Association amicale franco-chinoise, janvier 1909.

HOVELAQUE (E.). — *Les peuples d'Extrême-Orient. La Chine.* Paris, Flammarion, 1920.

LEBOUCQ (P.). — *Associations de la Chine* (Lettres). Paris, Wattelier, 1880.

MAC GOWAN (D.-J.). — *Chinese Guilds or Chambers of Commerce and Trade Unions.* Journal of North China Branch of the Royal Asiatic Society, 1886.

MAC GOWAN (J.). — *Men and Manners of Modern China.*

MASPERO (G.). — *La Chine.* Paris, Delagrave, 1918.

MARTIN SAINT-LÉON. — *Histoire des corporations de métiers.* 3e édit., Paris, Alcan, 1923.

MOELLENDORFF (P.-G. VON). — *Le droit de famille chinois.* Traduction CASELLA. Leroux, Paris, 1896.

MONTGOMERY MARTIN. — *China political, commercial and social.*

H.-B. MORSE — *The gilds of China.* Longmans, Green-Londres, 1909.

A.-H. SMITH — *Village Life in China.* Edimbourg, 1899.

UNWIN. — *Gilds and Companies of London.* Londres, 1908.

TA-TSING-LIU-LI. — ou *Les lois fondamentales du Code pénal de la Chine.* — Traduit du chinois par G.-T. STAUNTON, mis en français par F. RENOUARD DE SAINTE-CROIX. Paris, 1812.

TABLE DES MATIÈRES

CHAPITRE IV

CHAPITRE V

CHAPITRE VI

CONCLUSIONS

www.ingramcontent.com/pod-product-compliance
Ingram Content Group UK Ltd.
Pitfield, Milton Keynes, MK11 3LW, UK
UKHW022051190726
13855UKWH00002B/472